時代を超えて楽しむ

論　語

漢文ライブラリー

謡口　明
著

朝倉書店

まえがき

『論語』は、何度読んでも新鮮な感動や新しい視点に気づき、別の角度で読み解くと、新たな疑問が湧いてくる不思議な魅力をもっている。「古典」としていつの時代にも〝楽しみ、励まされ〟、〝反省し、深く考えてみる〟など、さまざまなヒントを与えてくれる、すばらしい知恵の書である。

『論語』は、さまざまな挫折や失敗、劣悪な人間関係など、精神的な閉塞感に陥ったときに、その章句を想い出し、心理的な窮地を抜け出すきっかけをしばしば与えてくれる書であろう。たとえば、ひたむきに今に生きる力となる言葉には、「天怨《うら》まず、人を尤《とが》めず、下学して上達す」（憲問篇）がある。どのような状況にあっても「下学して上達す」という努力や情熱をもつことの大切さを想い出させてくれるのである。また、社会（集団）と個人の利害が一致しないために孤立感をいだき、精神的に落ちこんでいるとき、「徳は孤ならず。必ず隣あり」（里仁篇二五、P.63）の言葉がある。パスカルの「考える葦」としての人間の思考には、まだ未解決な領域がある。個人的な差はあるが、一般的に、思考回路が停止し、多角的な思考や広い視野がもてずに孤独感にさいなまされるとき、考えようとしても頭の中は、「孤独」の暗雲に覆いつくされ、「見れども見えぬ」状態に陥ることがある。この「徳は孤ならず。必ず隣あり」の言葉によってまわりの人のあたたかさに気づく契機となることもあるだろう。

今、『論語』ブームと言われ、つぎつぎと『論語』が出版され、多くの人に読まれ、受容され心のうるおいがもたらされ、生きる力の原動力となることは、喜ばしく歓迎すべきであると思っている。

私が大学生の頃、大学内では政治的な活動が激化した時代で、過激学生が社会主義革命のための理論闘争から武力闘争へと方向を転換した時代でもあった。また中国では文化大革命の、〝批林批孔〟のスローガンにより孔子と儒家思想が徹底的に否定された。山東省曲阜市にある孔子の墓前の石碑が紅衛兵によって引き倒され、ハンマーで破壊されるという時代であった。『論語』や孔子を研究するのは、「奴隷主貴族階級を代弁する反動的復古主義者」の孔子を擁護する者だと異端視された時代でもあった。

そのような時代状況の中で、中島敦の『弟子』や下村湖人の『論語物語』は、『論語』の魅力の灯をつなぎとめてくれるものであった。とくに、中国文学研究者であり、当時小説家として、多くの読者をもっていた高橋和巳の『論語——私の古典』は、高橋自身の痛切な体験を通した告白的な内容の文章であった。

『論語』はさまざまな視点や過去の注釈や解釈を参考にしながら、出版されている。孔子神話と言われるほど尊崇すべき最高の聖人として過大な評価をされた時代もある。また一方では徹底的な批判の対象とされた時代もある。中国の解放後の学者の説については、桑原武夫『論語』のあとがきに詳述されているので、参照されたい。『論語』の諸解釈や読み方は、時代により注釈書により多種多様な解釈や読みとなって現在に至っている。後世へ『論語』や孔子の人物像の本質をとらえ、逸脱・曲解されずに伝承されるよう、より多くの諸説をとりあげ、解釈や読みの正確さに努め執筆した。そのために、伊藤仁斎の指摘する上論部分で約束の紙数に達してしまった。下論部分については、後日執筆し、読者の期待にこたえたいと思っている。

著者記す

掲載章一覧

凡例：
太字……頁 ——本編に掲載
太字……（頁）——補遺に掲載
細字…… ——掲載せず

雍也篇

述而篇

○表記にあたって常用漢字表にある漢字は常用漢字体で表記した。
○『論語』の文字の異同については景印元覆宋世綵堂本『論語集解』に基づいて校訂した。

学而篇

学而篇は十六章からなる篇である。子曰という孔子の言葉が八章。有子三章、子夏一章、曾子二章、そして子禽が子貢に尋ねた一章と、子貢と孔子の問答が一章。この子貢の問答は子貢が話題の主体となっているので、子貢二章と考えられる。すると学而篇の構成は孔子が八章、弟子たちが八章となる。『論語』は孔子の言行録を弟子たちがまとめたと言われているが、『論語』の冒頭の学而篇は、『論語』の編集の本質を提示している重要な篇である。孔子没後、弟子たちが礼派と忠恕派に別れ、師の説の継承に対する論争があったと言われ、通説では、有子、子夏が礼派で、曾子が忠恕派だとされる。子貢は「一言にして以て終身之を行ふべき者有りや」（衛霊公篇）と孔子に尋ねたとき「其れ恕か」と言われ、その言葉を実践したとするならば忠恕派に入れても良いはずである。すると、弟子たちの八章は、礼派が四章、忠恕派が四章と、みごとに調和のとれた構成となっている。

学而篇の十六章を、貝塚茂樹説では「学而《まなんで》……ではじまる第一句をとって学而篇と名づけられている。『論語』の各章は、孔子や弟子たちのことばを、無秩序に寄せ集めたように見えるが「ものを教わる。そしてあとから練習する。なんと楽しいことではないかね」と訳されるこの孔子のことばは、学問する楽しさを述べ、さらに学問への招待の意味をもっている。この第一篇第一章に対して、最終章は、他人に認められることよりは他人を認めることに努力しなければならないという、学者の社会的位置に関した発言であり、よく前後照応している。」と述べている。

木村英一は「学而篇は十六の章から成っている。これは曾子の学校で、曾参の弟子の世代に、孔子の学校に則って学規を作ろうとして、その主旨に適合する孔子や直弟子の言葉を集めて編成したものであろう。」と従来提示されていない曾子の学校の学規だとする説を展開する。

一　子曰《ハク》、学《ビテ》而時《ニ》習《フ》レ之《ヲ》、不二亦《タ》説《バシカラ》一乎。有《リ》レ朋自《リ》二遠方一来《ル》、不二亦《タ》楽《シカラ》一乎。人不《シテ》レ知《ラ》而不レ慍《ラ》、不二亦《タ》君子《ナラ》一乎。

子曰《しい》はく、学《まな》びて時《とき》に之《これ》を習《なら》ふ、亦《ま》た説《よろこ》ばしからずや。朋《とも》あり、遠方《ゑんぱう》より来《き》たる、亦《ま》た楽《たの》しからずや。人知《ひとし》らずして慍《いか》らず、亦《ま》た君子《くんし》ならずや。

【現代語訳】　先生が言われた。「学んだことを機会あるごとに、繰り返し学んでいると、知識がまとまり、教養が深まってくるので充実感が得られる。なんとよろこばしいことではないか。同学の友人がはるばる遠くから訪ねてきてくれるのは、なんと楽しいことではないか。世間の人が自分の真価を認めてくれなくても、不平不満の気持ちをもたないで、学問にはげむ人は、人徳にすぐれた人といえるのではないか。」

【語釈】

○学＝朱熹は「效《なら》ふ也」という。『白虎通《びゃっこつう》』・『説文《せつもん》』は「覚《さと》る也」。伊藤仁斎は「倣《なら》ふ也」「覚《さと》る也」と従来の説を踏襲して解釈する。佐藤一斎は「覚《さと》るは是れ学の主意なり。效《なら》ふは是れ学の工夫なり。偏廃すべからず」と述べている。

○時習之＝時々に復習して熟達する。

・「時」＝「時時之を習ふ」（折にふれて学習する）朱熹・安井息軒が主張し、現在この解釈をとるものが多い。

・「時を以て誦習す」（学ぶべき時に読みならう）王粛《しゅく》の説で、これは「其の可に当る、之を時と謂ふ」（礼記 学記篇）に基づき述べられたものである。皇侃《おうがん》・刑昺《けいへい》は「学の三時」を主張する。

・「習」＝朱熹は「鳥数々《しばしば》飛ぶなり。学の已《や》まざるや、鳥数々飛ぶなり」と注釈する。鳥の「はばたき」と「学習」することが生きる力となっていることを述べている。鳥がはばたきをやめ、人間も学習をやめると、人間らしく生きる、人としての存在意義を失うと指摘している。

○不亦説乎＝なんとよろこばしいことではないか。「説」はよろこぶ。「説」は「悦」に同じ。

○有朋自遠方来＝同学の友人が、はるばると遠くから訪ねてきてくれる。

「朋」について、鄭玄は「師を同じくするを朋と曰ふ。志を同じくするを友と曰ふ」という。朱熹は「同類なり」という。

○人不知而不慍＝世間の人が自分の真価を認めてくれなくとも、不平不満の気持をもたない。「慍」は心に不平不満をいだき、いきどおること。（補説参照）

○君子＝人徳にすぐれた人。（P. 21参照）

【補説】

◇「慍」について旧注と現代の読み方と解釈

古注は「怒也」。新注は「怒を含むの意」。鄭玄は「怨」。わが国における先学の読み方と解釈。

・「慍《いか》らず」と読むもの（木村英一・貝塚茂樹・加地伸行・吉川幸次郎）…人から認められないことがあっても腹をたてない。

・慍《うら》みずと読むもの（平岡武夫・吉田賢抗・金谷治）人が分かってくれなくても気にかけない。

・慍《いきどお》らずと読むもの（宮崎市定）人が知らないでもうっぷんを抱かない。

「慍」については怒りの感情の表し方が読み方・解釈の違いとなっている。

怒りが強いのが「いきどおる」、つぎに「いかる」。そして内向的な怒りの感情が「うらむ」となる。

【解説】

孔子の学の展開

孔子の「学」は、学問の到達段階によって孔子の語る内容も意図も異なってくる。雷学淇《らいがくき》は、本章について「首節ハ是レ十五ニシテ志スレ学ニ以後ノ事……次節ハ是レ三十ニシテ而立ツ以後ノ事……末節ハ是レ五十ニシテ知ル二天命ヲ一以後ノ事……」と論じている。『論語』における「学」について学問に対する態度・姿勢という到達段階を考慮に入れて分類・整理してみる。

各段階についてはとらえ方によって異なる。私見に基づき、「初学」を十～二十代。「自立」を三十～四十代。「完成」は六十代以降と考え分類してみた。

〈第一段階——初学の時期〉

自我に固執せず、博く学び、学ぶべきことを素直に吸収する時期。

「学《ベバ》則《チ》不レ固《ナラ》」（学而篇）・「学《ンデ》而不レ厭《いとハ》」（述而篇）・「子絶《ツ》レ四《ヲ》、毋《なかレ》レ意《スル》毋《レ》レ必《スル》毋《レ》レ固《スル》毋《レ》レ我《スル》」（子罕篇）・「君子《ハ》食無《ク》レ求《ムルコト》レ飽《クヲ》、居無《シ》レ求《ムルコト》レ安《キヲ》、敏《ニシテ》二於事《ニ》一而慎《シミ》二於言《ニ》一、就《つキテ》二有道《ニ》一而正《ス》焉。可《キ》レ謂《フ》レ好《ムト》レ学《ヲ》也已矣。」（学而篇）

〈第二段階——自立の時期〉

自己の確立に伴い偏見と独断を避ける。同時に同学の士とともに一層の自己修養と学問の伸展をはかる時期。

「三人行《カバ》必《ズ》有《リ》二我《ガ》師一焉。」（述而篇）・「道不《レバ》レ同《ジカラ》、不二相為《ニ》謀《ラ》一。」（衛霊公篇）・「益《えき》者《しゃ》三友、損《そん》者《しゃ》三友《アリ》。友《トシ》レ直《ヲ》、友《トシ》レ諒《りょうヲ》、友《トスルハ》二多《た》聞《ぶんヲ》一、益《なり》矣。友《トシ》二便《べん》辟《べきヲ》一、友《トシ》二善《ぜん》柔《じゅうヲ》一、友《トスルハ》二便《べん》佞《ねいヲ》一、損《なり》矣。」（季氏篇）

〈第三段階——完成の時期〉

真理探究の孤独な営為のなかで、天の命ずる使命を自覚し、学問・人格ともに究極の境地に達する時期。

「朝《ニ》聞《カバ》レ道《ヲ》、夕《ベニ》死《ストモ》可《ナリ》矣。」（里仁篇）・「徳不《ハ》レ孤《ナラ》。必《ズ》有《リ》レ隣。」（里仁篇）・「不レ患《へ》三人之不《ルヲ》二己《ヲ》知《ラ》一、患《フルナリ》レ不《ルヲ》レ知《ラ》レ人《ヲ》。」（学而篇）・「不レ患《へ》三人之不《ルヲ》二己《ヲ》知《ラ》一、患《フル》二其《ノ》不一レ能《ルヲあたハ》也。」（憲問篇）・「不レ怨《うらミ》レ天《ヲ》、不レ尤《とがメ》レ人《ヲ》、下学《シテ》而上達《ス》。知《ル》レ我《ヲ》者其《レ》天乎《か》。」（憲問篇）

二　有子曰《ハク》、其《ノ》為《リ》レ人《ト》也、孝弟《ニシテ》而好《ム》レ犯《スコトヲ》レ上《ヲ》者《ハ》鮮《ナシ》矣。不《シテ》レ好《マ》レ犯《スコトヲ》レ上《ヲ》而好《ム》レ作《スヲ》レ乱《ヲ》者《ハ》、未《ダ／ル》二之《レ》有《ラ》一也。君子《ハ》務《ム》レ本《ヲ》。本立《チテ》而道生《ズ》。孝弟也者《ハ》、其《レ》為《ル》二仁之本一与。

有子《いうし》曰《い》はく、其《そ》の人《ひと》と為《な》りや、孝弟《かうてい》にして上《かみ》を犯《をか》すことを好《この》む者《もの》は鮮《すく》なし。上《かみ》を犯《をか》すことを好《この》まずして乱《らん》を作《な》すを好《この》む者《もの》は、未《いま》だ之《こ》れ有《あ》らざる也《なり》。君子《くんし》は本《もと》を務《つと》む。本《もと》立《た》ちて道《みち》生《しやう》ず。孝弟《かうてい》なる者《もの》は、其《そ》れ仁《じん》の本《もと》たるか。

【現代語訳】　有子が言った。「その人柄が、よく父母に仕え、兄や目上の人にすなおに従いながら、しかも目上の人にそむこうとする人はめったにいないね。目上の人にそむくことをきらいながら、しかも社会の秩序を乱すことを好む者はまだ聞いたことはない。りっぱな人間は根本をたいせつにする。根本が確立すれば、すべてのことがらは開けてくる。親思いで、兄や目上の人に従順であることが、仁を実践する根本であろうか。」

【語釈】

○有子＝姓は有、名は若《じやく》。字《あざな》は子有。孔子より十三歳若い弟子。一説に四十三歳若いとする。孔子没後、その容貌が孔子に似ていたので、若い弟子たちが師の身代りとして仕えようとしたことがあった。

○其為人也＝その人柄が。

○孝弟＝よく父母に仕えることを孝といい、よく兄や目上の人に仕えることを弟という。

○好犯上者、鮮矣＝目上の人に反抗することを好むものはきわめて少ない。

○好作乱者＝社会の秩序を乱すことを好む者。

○未之有也＝まだ一人もいない。

○君子務本＝徳ある人は根本となるものに力を注ぐ。

○本立而道生＝根本が確立すれば、すべてのことは自然と開けてくる。

○其為仁之本与＝仁の徳を実践する根本であろうか。「為仁之本与」について読み方に二説ある。

・古注「仁の本為《た》るか」と読み、「孝と弟は仁の徳の根本であろうか」と解釈する。

・新注「仁を為すの本か」と読み、「孝と弟は仁を実践する根本であろうか」と実践的な解釈する。—

【解説】

有子は孔子の弟子の中で、年齢に関する違いが極端である。『史記』和刻本では十三歳少。『史記会注考証』では四十三歳少。年齢差三十歳もある。

『孟子』（滕文公篇上）には子夏・子張・子游のいずれも孔子より四十歳以上若い弟子たちが、「先生に仕えたと同じように、有子に仕えよう」と主張したが、曾子は断固として反対し、有子を先生の身代わりにしなかったという。

子夏たちは有子が孔子に似ているからだとするが、孔子没後、弟子たちは孔子を葬った塚のほとりに庵をつくり、三年の喪に入ったという。そして、子夏たちより十歳年上の子貢はさらに三年の喪に入り、合計六年の喪を行ったことになる。

弟子たちの中で、孔子没後において子貢の存在感は、孔子の諸国遍歴の旅をともにしたこともあり、存在感が大きかった。そのようなことを考えてみると、有子が、子夏たちと同年代であったとは考えられない。

学而篇には「有子曰」として、礼の重要性を説き、礼のはたらきには調和が大切だと述べた章と恭しさが礼に適っていれば恥辱に遠ざかると礼に関する章がある。『論語』の中「有子」「曾子」「冉子」「閔子」と四人の弟子が「孔子」と同じように敬称をつけて呼ばれている。弟子たちの礼派のリーダーとするならば、「十三歳年少」とする説が妥当であろう。

三　子曰《ハク》、巧言令色、鮮《ナシ》矣仁。

子曰《しい》はく、巧言令色《こうげんれいしょく》、鮮《すく》なし仁《じん》。

【現代語訳】 先生が言われた。「弁舌さわやかにあいそうよく人を喜ばせようとするものには、ほとんどないものだよ、人間らしい心は。」

【語釈】

○巧言＝ことばたくみにもの言うこと。
・古注「巧言は其の言語を好《よ》くするなり」
・新注「其の言を好くする」
○令色＝顔色をつくろい、とりわけ愛想よくふるまうこと。
・古注「令色は其の顔色を善くする」
・新注「其の色を善くす」
○鮮矣仁＝仁の心のある人は、ほんとうに少ない。
・古注「皆人として文を説《よろこ》ばしめんと欲して、能く仁有るもの少《すく》きなり」
・新注「飾を外に致して、務むるに以て人を悦ばしめば則ち人欲肆《ほしい》ままにして本心の徳亡ぶ」

【解説】

『論語』の重複章については、澤田多喜男著『論語考索』にテキスト間の異同について詳述されている。皇侃『論語義疏』・劉宝楠『論語正義』には陽貨篇の章句はナシとする。

現行の通釈書では学而篇と陽貨篇に重出し、孔子の言葉とされる。

このことについて貝塚茂樹氏は「弟子にとってはよほど印象深いことばであったらしいが、そのことばつきは孔子にしては激烈をきわめている」という。

伊藤仁斎は「巧言令色は外を善に似せて内に偽わるものである。だから、鮮しというのである」（論語古義）

荻生徂徠は「巧言の人は、必ず令色を以て之を行ふ。ゆゑに或ひは止《た》だ巧言と曰ふ。『巧言は徳を乱る』」（衛霊公篇）『巧言簧《こう》の如し』」（詩小雅、巧言）の如き、是れ也《なり》。」（論語徴）

四

曾子曰《ハク》、吾日《ニ》三《タビ》省《ミル》吾《ガ》身《ヲ》。為《ニ》人《ノ》謀《リテ》而不《ル》忠《ナラ》乎、与朋友交《ハリテ》而不《ル》信《ナラ》乎、伝《フル》不《ルヲ》習《ハ》乎。

曾子《そうし》曰《い》はく、吾《われ》日《ひ》に三《み》たび吾《わ》が身《み》を省《かへり》みる。人《ひと》の為《ため》に謀《はか》りて忠《ちゅう》ならざるか、朋友《ほういう》と交《まじ》はりて信《しん》ならざるか、習《なら》はざるを伝《つた》ふるか。

【現代語訳】 曾子が言った。「私は一日のうちでに何度となく反省をした。人の相談にのってあげながら、まごころを尽くさないことはなかったか。友だちとの約束をはたさず、誠実さをかくことはなかったか。自分が身につけていないことを、人に教え伝えることはなかったか。」

【語釈】

○三省＝この語句について諸説がある。朱注では「曾子は此の三者（以下の三事）を以て日に其の身を省みる」という。吉田賢抗＝しばしば反省考察する。木村英一＝再三。貝塚茂樹＝三度反省する。宇野哲人・吉川幸次郎＝三項目について反省する。

○忠＝他人に自分のまごころを尽す。

・朱注「己を尽くすを之を忠と謂ふ」

○信＝うそいつわりのない誠実さ。

・朱注「実を以てするを之を信と謂ふ」

○伝不習乎＝古注と新注では、読み方、解釈が異なる。

・古注（集解）「習はざるを伝ふるか」（自分が身につけていないことを知ったかぶりをして人に教え伝えはしなかったか。）

・新注（集注）「伝へられて習はざるか」（先生に教えられたことをしっかり復習して身につけたか）

【解説】

「曾子」、姓は曾。名は參《しん》。字は子輿《よ》。孔子より四十六歳年少で、孔子の思想を後世へ伝えた功労者である。『論語』の中で、「孔子」と同じように「子」と敬称で呼ばれる弟子が四人（「有子」「冉子」「閔子」「曾子」）いる。若い頃曾子は「參や魯なり」（先進篇）と、孔子に評されている。「魯」とは「のろい」とか「おそい」という意味であるが、この章句には、自ら欺《あざむ》くことのないよう日々努力し、精進する曾子の人物像が如実に表わされている。このような、日々の努力を生涯続けたので、孔子の晩年には孔子の孫の孔伋《きゅう》（字は子思）の師となり、孔子没後には弟子たちの中で、リーダー的な役割を果たしているのである。曾子は「昔者《むかし》吾が友、嘗て斯《ここ》に従事せり」（泰伯篇）とあるように顔回と親しく、敬愛したと言われている。顔回は弟子たちの中で、「一を聞きて十を知る」という抜群の理解力、実践力をもっていた。孔子は顔回に将来を託すべく期待していたが、孔子の在世中に死んでしまい、孔子を絶望させた。孔子の悲嘆にくれる様子に、多くの弟子たちは、顔回の果たすべき役割を、なんとしてでも肩代わりをして、師恩に報いたいと決意を固めたと考えられる。その旗頭に曾子がいたと考えても、彼の誠実で勤勉な人物像からして、納得できるはずである。

六

子曰《ハク》、弟子、入《リテハ》則《チ》孝、出《デテハ》則《チ》弟、謹《シミテ》而信《アリ》、汎《ク》愛《シテ》レ衆《ヲ》而親《シミ》レ仁《ニ》、行《ヒテ》有《ラバ》二余力一、則《チ》以《テ》学《ブ》レ文《ヲ》。

子《し》曰《い》はく、弟子《ていし》、入《い》りては則《すなは》ち孝《かう》、出《い》でては則《すなは》ち弟《てい》、謹《つつ》しみて信《しん》あり、汎《ひろ》く衆《しゅう》を愛《あい》して仁《じん》に親《した》しみ、行《おこな》ひて余力《よりょく》あらば、則《すなは》ち以《もっ》て文《ぶん》を学《まな》ぶ。

【現代語訳】 先生が言われた。「若い弟子たちよ。家庭内では父母を大切にしなさい。家の外では年長者に従順につかえなさい。何ごとも言動に慎しみ、言ったことは必ず実行する。すべての人とわけへだてなくつきあい、心あたたかな人と親しむようにする。これだけのことができたうえで余力があれば、そこではじめて書物によって学びなさい。」

【語釈】

○弟子＝年少の者。郷党（村）の若者。
○入則孝＝家のなかで父母に孝行を尽す。
○出則弟＝社会のなかで年長者に従順につかえる。
○謹而信＝言動を慎しみ、言行一致につとめる。
○汎愛衆而親仁＝すべての人とわけへだてなくつきあい、仁徳ある人に親しむ。
○行有余力＝行動に余裕があれば。
○学文＝徳を深め、確固たる生き方を示す書物を学べ。「文」とは当時の古典である詩経や書経等の書物。

【余説】

貝塚茂樹氏は「弟子」について次のような説を展開する。

〈弟子〉『論語』の中では、従来このことばは孔子の門弟をさす場合と、この場合のように「若い衆」とでも訳すべきものと二通りの意味があると解されてきた。私は、孔子の学園は郷党《きょうとう》、つまり村の若い衆が寄合いで、長老を先生として、成人としての教養をさずけてもらう寺子屋のような若者組合の制度をとりいれたものと解している。郷党の若い衆、つまり、弟子《ていし》と、孔子門下の弟子《ていし》とは、ここでもまったく区別できない、一つのものである、というのが私の解釈である。

また、「文」について木村英一氏は次のように述べている。

君子の学の中の基礎的なものでなく、教養の磨きをかける上級課程の学問である。述而篇の「子四を以て教ふ・文・行・忠・信」の文が学而篇の「学文」と同じ。詩・書・礼・楽の四科を言ふ。

新注の『論語集注』では「徳行は本なり。文芸は末なり。その本末を窮め先後する所を知らば、以て徳に入るべし」と徳行の実践を強調している。

仁斎は『論語古義』で「学問は其の初めを慎しむことを言ふなり。孝弟は人倫の本なり。謹信は力行《りきこう》の要《かなめ》なり。汎く愛して仁に親《した》しむ者は成徳の基なり。余力ありて文を学ぶ者は、亦有道に就きて焉《これ》を正すの意なり」と実践優位の主張をしている。

渋沢栄一氏も「孔子が人の子たり弟たる者に、実行を先にして、文芸を学ぶことを後にせよと誨えしなり」（論語講義）と徳行の実践に賛同する。

徂徠は「文は詩書礼楽、先王の教えである。これを学ばずして、どうして君子の徳をなすことができようか」（論語徴）と、徳行の実践を主張する朱子や仁斎に対して「みな学問の道を知らず、悲しい哉」と慨嘆する。

七

子夏曰《ハク》、賢《トシテ》レ賢《ヲ》易《ヘ》レ色《ヲ》、事《ヘテ》二父母《ニ》一能《ク》竭《シ》二其《ノ》力《ヲ》一、事《ヘテ》レ君《ニ》能《ク》致《シ》二其《ノ》身《ヲ》一、与二朋友一交《ハリテ》言《ヒテ》而有《ラバ》レ信、雖《モ》レ曰《フト》レ未《ダ》《ト》レ学《バ》、吾《ハ》必《ズ》謂《ハン》二之《ヲ》学《ビタリト》一矣。

子夏《しかい》曰はく、賢《けん》を賢《けん》として色《いろ》を易《か》へ、父母《ふぼ》に事《つか》へて能《よ》く其《そ》の力《ちから》を竭《つく》し、君《きみ》に事《つか》へて能《よ》く其《そ》の身《み》を致《いた》し、朋友《ほういう》と交《まじ》はりて言《い》ひて信《しん》あらば、未《いま》だ学《まな》ばずと曰《い》ふと雖《いへど》も、吾《われ》は必《かなら》ず之《これ》を学《まな》びたりと謂《い》はん。

【現代語訳】 子夏が言った。「賢者の優れた能力を尊敬する。まごころが顔色や素振りにあらわれる。父母に仕えて、よく力をつくす。君に仕えて、一身をささげることができる。友だちとの交際では、言ったことばに信用がおける。そのような人物であるならば、学問をしていなくても学問をしたのと、同じである。」

【語釈】

○子夏＝姓は卜《ぼく》、名は商。子夏はその字。孔子より四十四歳年少。

○賢賢易色＝「賢賢」は賢者を敬う。「易色」は古来もっとも異説の多い語句である。〔解説〕を参照されたい。

「色を易《あなど》る」と読み、女色を軽んずるの意や、「色の易《ごと》し」と読み、美人を好むの意とする等多くの説がある。

○竭其力＝力を十分出し尽すこと。

○致其身＝一身をささげ尽すこと。

○有信＝うそをつかないこと。

【解説】

「賢賢易色」について読み方・解釈の諸説を紹介する。

一、「賢を賢とし、色に易《か》ふ」（朱子・諸橋轍次）
賢人を尊んで好色の心に代える。

二、「賢を賢として色を易《あなど》る」（顔師古・吉田賢抗）
賢人を尊んで女色の心を軽視する。

三、「賢を賢とし、色を易《か》ふ」（皇侃・程伊川）
賢人を尊び、（賢人を前にすると）顔色を改める。

四、「賢を賢として色の易《ごと》くす」（王念孫・平岡武夫）
賢人を尊び敬うのを色を好むがごとくする。

五、「賢を賢として色《おんな》の易《ごと》くせよ」（貝塚茂樹）
美人を好むと同じように賢人を尊敬しなければならない。

「易色」の「色」を顔色、女色、感情の表われた身振り素振りなどの解釈のしかたによって説の違いがでてくるのである。

一四 子曰《ハク》、君子食《ハ》無《ク》レ求《ムルコト》レ飽《クヲ》、居無《シ》レ求《ムルコト》レ安《キヲ》。敏《ニシテ》二於事《ニ》一而慎《シミ》二於言《ニ》一、就《キテ》二有道《ニ》一而正《ス》焉。可《キ》レ謂《フ》レ好《ムト》レ学《ヲ》也已矣。

子曰《しい》はく、君子《くんし》は食《しょく》飽《あ》くを求《もと》むること無《な》く、居《きょ》安《やす》きを求《もと》むること無《な》し。事《こと》に敏《びん》にして言《げん》に慎《つつ》しみ、有道《いうだう》に就《つ》きて正《ただ》す。学《がく》を好《この》むと謂《い》ふべきのみ。

【現代語訳】 先生が言われた。「君子（紳士）は、食べ物を腹いっぱい食べたり、住居が快適であることを求めない。実行すべきことは敏速に片づけ、発言は慎重にして、仁徳ある有識者について、行いや考えを改める。このような人こそ、真の学問好きな人だと言えよう。」

【語釈】

○食無求飽＝食べ物を腹いっぱい食べ、ぜいたくな食事をすることを考えない。
○居無求安＝住居は快適さを求めない。
○敏於事＝実行すべきことは敏速に片づける。
○慎於言＝発言は慎重にする。
○就有道而正焉＝仁徳ある有識者について行いや考えを改める。
○可謂好学也已矣＝真の学問愛好者だということができる。

【解説】

この章における「君子」について諸説を紹介しておく。（貝塚茂樹説）「孔子は、この場合君子つまり貴族について語っている。この君子というのは、貴族のことであり、貴族であるから食物にぜいたくをつくし、住居は豪勢をきわめるなどはあたりまえのことである。（……）このことばはあくまで貴族に向け、その生活について反省をうながしたものである。」
（木村英一説）「孔子の塾における人間形成の理想である「君子」になるための精進を一般的に示して「食無求飽」・「居無求安」・「敏於事」「慎於言」「就有道而正焉」を列挙している。これは学則ではないかもしれぬが、学生に対する訓示としては適切であろう。」（『孔子と論語』創文社）

（子安宣邦説）「君子とは人間的理想というよりは、人間的品位としてとらえた方がよいようである。孔子は現世的な望ましい価値の序列とは別の人間的品位を構成する価値があることを教えているのである。」
（宋の尹焞《いんじゅん》説）「君子の学は、是の四者を能《よ》くすれば、篤志・力行者と謂ふべし。然れども正を有道に取らざれば、未だ差有るを免《まぬ》がれず」

一五 子貢曰《ハク》、貧《ニシテ》而無《ク》レ諂《フコト》、富《ミテ》而無《キハ》レ驕《ルコト》、何如。子曰《ハク》、可《ナリ》也、未《ダ》レ若《カ》二貧《ニシテ》而楽《シミ》、富《ミテ》而好《ム》レ礼《ヲ》者《ニハ》一也。子貢曰《ハク》、詩《ニ》云《フ》、如《ク》レ切《スルガ》、如《ク》レ磋《スルガ》、如《ク》レ琢《スルガ》、如《シトハ》レ磨《スルガ》、其《レ》斯《ヲ》之《レ》謂《フ》与。子曰《ハク》、賜也、始《メテ》可《キ》二与《ニ》言《フ》レ詩《ヲ》已矣。告《ゲテ》二諸《ニ》往《ヲ》一而知《ル》レ来《ヲ》者也。

子貢《しこう》曰《い》はく、貧《ひん》にして諂《へつら》ふこと無《な》く、富《と》みて驕《おご》ること無《な》きは、何如《いかん》。子曰《しい》はく、可《か》なり。未《いま》だ貧《ひん》にして楽《たの》しみ、富《と》みて礼《れい》を好《この》む者《もの》には若《し》かざるなり。子貢《しこう》曰《い》はく、詩《し》に云《い》ふ、切《せつ》するが如《ごと》く、磋《さ》するが如《ごと》く、琢《たく》するが如《ごと》く、磨《ま》するが如《ごと》しとは、其《そ》れ斯《これ》を之《こ》れ謂《い》ふか。子曰《しい》はく、賜《し》や、始《はじ》めて与《とも》に詩《し》を言《い》ふべきのみ。諸《こ》れに往《わう》を告《つ》げて来《らい》を知《し》る者《もの》なり。

【現代語訳】 子貢が言った。「貧しくても人に卑屈にならず、金持ちになってもおごりたかぶらないというのは（心のもち方として）どうでしょうか。」先生が言われた。「まあ、それもよいだろう。だが貧しくとも（学問を）楽しみ、金持ちになっても礼を好む者にはおよばないよ。」（その言葉を聞き）子貢は言った。「詩経にいう『切り出し、それをみがき、宝玉を取り出し、みがきあげる』ようにとは、このことを言っているのですね。」先生は（子貢のことばを聞き）言われた。「賜《し》（子貢）よ、はじめて一緒に詩経について語りあうことができるようになったね。（過去のことなど）前のことを話すと（将来のことなど）これからのことが分かるようになったのだから。」

【語釈】

○貧而無諂＝貧乏していてもへつらわない。

○富而無驕＝金持ちになってもおごりたかぶらない。

○可也＝まあ、よろしいの意。

○未若貧而楽富而好礼者也＝貧しくとも学問を楽しみ、金持ちになっても礼を好む者には及ばない。

○詩云＝『詩経』衛風の淇奥《きいく》篇の一句。淇《き》という川の曲がりくねって奥まった、こんもりとしげった緑の竹藪《やぶ》に、目にもあざやかな貴族が立っている。その貴族は衛の名君武公を象徴するとされ、その人柄をたたえたのがこの句である。

○如切如磋、如琢如磨＝「切磋琢磨」という熟語のもとになっている句。「切」は骨や角《つの》を切り出し、「磋」はそれをすってなめらかにすること。「琢」は宝石や宝玉を取り出し、「磨」は砥石《といし》などでみがくこと。転じて学問や生活態度を磨きあげることの意に用いる。

○其斯之謂与＝このことを言っているのですね。

○賜也＝子貢よ。賜は子貢の名。

○始可与言詩已矣＝これではじめて、ともに詩経について語り合うことができる。

○告諸往而知来者也＝前のことを話すと、すぐその後のことを理解できる人である。

【参考】

◇「詩云、如切如磋、如琢如磨」の子貢が引いた『詩経』の詩は、「衛風《えいふう》」の第一篇「淇奥《きいく》」の第一章である。修養を怠らなかった衛の武公の姿を称えた詩と伝えられている。

（吉川幸次郎『詩経国風』の訓読文を紹介する）

彼《か》の淇《き》のかわの奥《くま》を瞻《み》れば
緑《みどり》の竹の猗猗《いい》とうつくし
有《げ》にも匪《あざや》けき君子《くんし》は
切《せつ》するが如く磋《さ》するが如く
琢《たく》するが如く磨《ま》するが如し

◇「切磋琢磨」について

一、「切磋」と「琢磨」をわけてとらえる。（新注）

・骨や角も切らなければ磋《みが》くことはできない。（切磋）

・玉や石も琢《う》たなければ磨《と》ぐことはできない。（琢磨）

二、切磋琢磨を一連の仕上げの工程としてとらえる。

（爾雅《じが》）

刀で切り、やすりで磋《みが》き、のみでくだきとり、砥石《といし》や金剛石《こんごうせき》で磨《と》ぐように、粗から精へと方法をかえる。

◇「告諸往而知来者」について

・往き道を教えれば、帰り道を自然に会得するという子貢の才人ぶりをよくあらわしている。（貝塚茂樹）

・一度つれて往ってやっただけで、その道筋をすっかり覚えこんでしまう才能がある子貢の言ったことは荒削りに類し、孔子の手によって磨きをかけられたわけで、勉強の道は奥深いものだと子貢が感心した。（宮崎市定）

・徂徠はすべてを行政的にとらえるのが徂徠の特色だが、ここは同調できない。ただ、彼が切磋琢磨は孤独の冥想ではなく、群居して、朋友が相互に錬え合うことだと孔安国の注を引いているところは賛成である。（桑原武夫）

一六　子曰《ハク》、不レ患《ヘ》三人之不《ルヲ》二己《ヲ》知《ラ》一、患《フル》レ不《ルヲ》レ知《ラ》レ人《ヲ》也。

子曰《しい》はく、人《ひと》の己《おのれ》を知《し》らざるを患《うれ》へず、人《ひと》を知《し》らざるを患《うれ》ふるなり。

【現代語訳】 先生が言われた。「人が自分を知ってくれないことを気にかけないで、人を知らないことを気にかけることだ」

【参考】

テキストによる文字の異同がある。

※『論語義疏』（皇侃）

「不患人之不己知、患己不知人也」（「己」字アリ）

※『経典釈文』（陸徳明）

「不患人之不己知、患不知也」（「人」字ナシ）

後者の「人」字のないテキストについて、吉川説によれば「人の己を知らざるを患《うれ》えず、知られざるを患《うりょ》うるなり」と読み「自分が人から認められない、というのは、自分の悩みでない。認められるような点がない、ということこそ、悩みである」と解釈する。

【解説】

この章は「学而巻頭」の「人知らずして慍《いか》らず、亦《また》君子ならずや」と前後照応して、学而篇の結びとしている。

また、『論語』の中で、この章と類似の内容の章がある。

一、子曰、（不レ患レ無レ位、患三所二以立一。）不レ患レ莫二己知一、求レ為レ可レ知也。（里仁篇）

「己を知ること莫《な》きを患へず、知らるべきを為すを求むるなり」

二、子曰、不レ患三人之不二己知一、患二其不能一也（憲問篇）

「人の己を知らざるを患へず、其の不能を患ふるなり」

三、子曰、君子病二無能一焉。不レ病三人之不二己知一也（衛

霊公篇）

「君子は無能を病《うれ》ふ、人の己を知らざるを病へざるなり」

仁斎は「学者はまさに人の己の善を知らざるを患へずして、己の人の善を知らざるを患ふべきなり。蓋《けだ》し善の己に有るに非《あら》ざれば、則ち亦《また》、人の善を知る能《あた》はず。故に君子は以て患ふと為すなり。」と述べ「自分の中に善が存在しなければ、他人の善を知ることができない。」と道徳的にとらえている。徂徠は「夫《そ》れ学は、先王の道を学ぶなり。学んで以て徳を成せば、将《まさ》に諸《これ》を世に用ひんとす。而うして世我を知らず、之を用ふるところ莫《な》し。……天或《あるひ》は我に命ずるに国家を以てせんに人を知らざれば則ち何を以てか之を用ひん」（論語徴）と政治論として官吏任用など人材の登用の問題として、とらえている。

為政篇

この篇は冒頭の章に「政を為すに徳を以てす」と最初の「為政」を篇名とする。篇首の四章には、徳治主義の政治、詩の教養、孔子の生涯における心境の変化などの孔子の名言が集められている。次の四章には、「孝」とは何かという問いに対する孔子の答えが述べられている。孝道は政治とは無縁のように思われるが篇の後半で、個人的・家族的道徳である孝道は間接的には政治にも及ぶとしている。第四章で孔子が「十五歳で学問に志した」に始まり、年齢によって好学による心境の変化が述べられている。それを受けて第九章で顔回の好学を孔子が認めた章があり、次に、人間洞察の章となる。そして、有名な「温故知新」の学問精進をすれば、どのような人も、その価値は認められるようになり、人の師表となるとする章に続くのである。孔子の「学」は君子たる人間を目標とするものであり、第十二章から十四章には孔子の「君子」について、第十五章から十八章は「学ぶ」ことが述べられている。「学ぶ」ことの発展としての仕官について最後の第十八章で子張に対する質問に孔子が答えている。つまり、君子として求められる政治的実践力を身につけ活躍するためには、学ぶことが関わっていると孔子は述べている。次の二章では魯の哀公・季康子という、孔子晩年の魯の君主・実力者からの政治的な質問に対する孔子の回答があり、次に孝道と政治との関連する説明の章が続き、孔子の政治観の根本には「信」が必要不可欠だとし、それがあれば、永遠に継続され、普遍的な展開をすると孔子は主張する。最後の章では血族的に祖先ではない神をまつるのは非礼だと非難しているが、古代政治では「政」「祭」はまつりごとであり、祭政一致が原理で、政治についての孔子の主張である。この為政篇は政治を主題とした内容に基づき編集された篇だと言えよう。そしてこの篇は孔子晩年の直弟子から伝承された言葉であると木村英一氏は述べている。

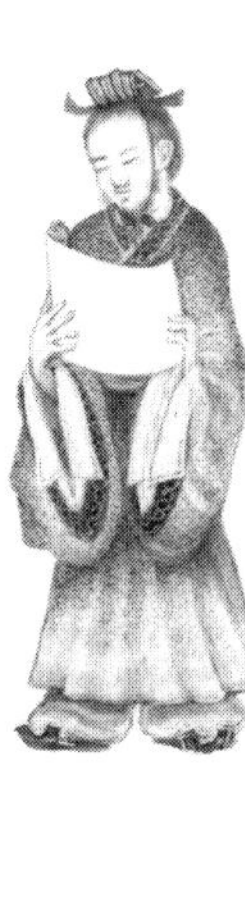

一　子曰ハク、為スニレ政ヲ以テスレバレ徳ヲ、譬ヘバ如シ下北辰ノ居テ二其ノ所ニ一而衆星ノ共ルガ上レ之ヲ。

子《し》曰《い》はく、政《まつりごと》を為《な》すに徳《とく》を以《もっ》てすれば、譬《たと》へば北辰《ほくしん》の其《そ》の所《ところ》に居《ゐ》て衆星《しゅうせい》の之《これ》を共《めぐ》るがごとし。

【現代語訳】　先生が言われた。「政治を行うのに徳（身につけた人間的な魅力）によって行うならば、北極星が天の頂点にあって、すべての星がこれをとりまきながら動いているように、うまく政治がいきわたるだろう。」

【語釈】

○為政＝国政をとり行うこと。

○徳＝木村説では「人間が先天的・後天的に身につけた性質」を〝徳〟と定義し、「身につけた人間的魅力」と解釈する。

○北辰＝北極星。最高の徳をそなえる天子のたとえ。

○居其所＝一定の場所にいて動かない。

○衆星＝多くの星。天子をたすける賢臣のたとえ。

○共之＝星が北極星をとりまいている。「共」については、次の四説があり、③の武内説で解釈するものが多く、通説となっている。

①鄭玄「拱」＝拱手《きょうしゅ》する（両手を前にかかえてお辞儀する）。衆星が北極星にあいさつする。

②新注では「拱」としながら「共」は「向」＝むかうの意味として、「敬虔に手を組んで対者に向って立つ」⇒多くの星が（秩序正しく）運行すると解釈する。

③武内義雄説「めぐる」衆星が北極星をとりまいている。

④梁の皇侃義疏・宋の刑昺の正義「星々が北極星を共同に尊崇する」

【解説】

この章は「政治」における徳治主義として、諸家がさまざまな視点・角度から、儒家思想の本質として力説する章である。

次の二説は「徳治」について、北極星を用いた比喩・「無為」に視点をあて、述べている。吉川幸次郎説では次のように述べる。

道徳による政治が、いかにすぐれているかを、比喩によって説いたものである。（……）ただ私に、よくわからないのは、北極星が徳による政治の比喩になるのは、他の星はすべて移動してゆくに反し、北極星だけは、じっととどまって動かない、あだかも、道徳による政治が無為であるが如くであり、さればこそ、周囲からの尊崇を得るのだと、古注にも新注にも、述べていることである。道徳による政治が、無為を属性とするということは、私にはよく分らない。

この吉川説を発展させて、桑原武夫説では次のように説明する。

「政を為すに徳を以てする」とはどういうことか。無為にして化すことだと注釈は教える。つまり知力（理知と権力）にたよらないで、君主の徳性によって教化するということだろうが、そういいかえてみても現代の私たちにはやはりわかりにくい。鼓腹撃壌して、「日出《い》でて作し、日入りて息《いこ》う。井を掘りて飲み、田を耕して食う。帝力なんぞ我にあらんや。」（十八史略）と歌った古代の農民の生活を理想化したものであろうが、もし無為が最高の美徳だとするならば、挺身して洪水を防いだ禹《う》の業績は立派ではないとでも言うのだろうか。無為をあまりに力説すると老荘と区別がつかなくなってしまいそうな気がする。儒家が禹をあまり高く評価しないのは、墨家《ぼくか》が禹をかつぐからだ、ともいうが、儒家における無為の理想化は素人の私などが深入りするには問題が大きすぎる。ここは無為に深くこだわらず、君主はつねに人民をわが子のように愛するという基本姿勢において、人民の生活にできるだけ干渉しないようにして、ただ災害から守る配慮をしつつ、最低の租税を取りたてさせる、という程度のことと解しておきたい。

二　子曰《ハク》、詩三百、一言以《テ》蔽《フ》レ之《ヲ》、曰《ハク》思《ヒ》無《シ》レ邪。

子《し》曰《い》はく、詩《し》三百《さんびゃく》、一言《いちげん》以《もっ》て之《これ》を蔽《おお》ふ、曰《い》はく思《おも》ひ邪《よこしま》無《な》し。

【現代語訳】先生が言われた。「詩経の三百篇、ただ一言で言いあらわすと『心にまっ直ぐすなお』につきる」

【語釈】

○詩三百＝『詩経』の篇の数は約三百篇。現在篇名までわかっているのは三百十一篇。現在伝わるものは三百五篇。孔子は三百と、おおよその数をあげた。「詩三百」について、木村英一説では、次のように解説する。「古代から伝誦されて、祭祀・外交・宴会等の儀式の際などに、音楽に合わせて歌われた詩が三百篇程あった。孔子はこれを古典の一種として重んじ、集めて整理を加え、教科書として弟子に教えた。今の詩経の前身である。」

○一言以蔽之＝一言で概括する。「蔽」について古注では「猶ほ当のごとし」。新注では「猶ほ蓋《おほふ》がごとし」と「一言で全体を表わす」という意味にとらえている。

○思無邪＝純粋な感情の表されたものである。「思無邪」は今の詩経では「魯頌《ろしょう》」の「駉《けい》」の詩の一節で、魯の僖公（前六五九～前六二七在位）をたたえ、牧場の馬がよく生育し、国が富み栄えた様子を詠じた詩である。

【解説】

『詩経』魯頌の「駉」の「思無邪、思馬斯徂」について清末の兪樾《ゆえつ》は「真一文字に、馬よ走れ、ひたすらに」と解釈し、「思馬斯徂」の「思」は句のはじめにくる具体的な意味をもたない「助字」だとする。さらに目加田誠説では（『詩経・楚辞』中国文学体系15、平凡社）「それひたすらに馬こそ駈《よ》けれ」と訳し、『論語』のこの章句における「思無邪」を断章取義とし、詩の本義とかかわりないという。

これに対して、子安宣邦説では、次のような見解を述べている。

『思無邪』が他念なく、ひたすらということであれば、これは仁斎の『（思い邪無きは）直なり』とする解に通じている。（……）孔子が『詩』を「思無邪」の一言でとらえたことを読む後世の儒家は、そこに孔子の教えの体系的な意味を読みとろうとする。（……）『思無邪』の断章取義的理解は、孔子におけるよりは、むしろ後世儒家の解釈から生まれる。

その例証として『朱子集注』の次の文章を提示する。

「凡そ詩の言善きものは、以て人の善心を感発すべし。悪しきものは、以て人の逸志を徴創（淫らな心を挑発する）すべし。その用、人としてその性情の正を得せしむるに帰するのみ」

朱子の言葉は「人をしてその性情の正を得せしむるに帰するのみ」という詩歌の用《はた》らきをいうものとして、後の詩論や歌論における道徳的効用論を生み出していく。

三

子曰《ハク》、道《ビクニ》レ之《ヲ》以《テシ》レ政《ヲ》、斉《フルニ》レ之《ヲ》以《テスレバ》レ刑《ヲ》、民免《レテ》而無《シ》レ恥《ヅルコト》。道《ビクニ》レ之《ヲ》以《テシ》レ徳《ヲ》、斉《フルニ》レ之《ヲ》以《テスレバ》レ礼《ヲ》、有《リテ》レ恥且《ツ》格《ル》。

子《し》曰《い》はく、之《これ》を道《みち》びくに政《せい》を以《もっ》てし、之《これ》を斉《ととの》ふるに刑《けい》を以《もっ》てすれば、民《たみ》免《まぬか》れて恥《は》づること無《な》し。之《これ》を道《みち》びくに徳《とく》を以《もっ》てし、之《これ》を斉《ととの》ふるに礼《れい》を以《もっ》てすれば、恥《はぢ》ありて且《か》つ格《いた》る。

【現代語訳】 先生が言われた。「民衆を法令によってみちびき、刑罰によって規制していくと、民衆は法の網《あみ》にかからなければよいと抜け穴をつくることばかりを考えて、恥じらいの心を失ってくる。民衆を道徳によってみちびき、礼教によって規制していくと、民衆は恥を知る心がおこり、正しい道にかなう。」

【語釈】

○道之以政＝民衆を法令でみちびくこと。
「政」＝古注では「法教を謂う。」新注では「法制禁令を謂う。」

○斉之以刑＝刑罰によって規制する。
「斉」＝「ととのふ」と読み秩序づける、適切に整理する。

○民免而無恥＝民衆は刑罰をまぬがれさえすればよいと悪を恥じる心を失う。

○道之以徳＝道徳をもって民衆をみちびくこと。

○斉之以礼＝礼教によって規制する。
「礼」は論語において広範な意味をもつ。自然発生的な慣習やマナー、ルールを基本としつつ人間として守るべき道となる。『論語』において「礼」は法的な規制はもたないが、後の荀子では「法」的な要素が強くなってくる。

○有恥且格＝恥を知り、善に至るようになる。
「格」について、
・古注、包咸は「正なり」と注し、正しくなる、悪に走ろうとする心を制する意とする。
・新注、朱子は「至なり」と注し、善にいたる、正しい道に至るの意とする。
・鄭玄は「来《きたる》なり」と注し、なついてくる、仁君のもとに帰服する意とする。

【解説】

呉智英氏は『現代人の論語』（文藝春秋）で徳に基づく政治を孔子が提唱したために、二千数百年にわたって難問を人々に与え悩まし続けると言い、さらに次のように述べている。

　近代が始まる頃、科学としての政治学が成立する。科学。それは知と徳の分離である。あるいは、知の徳からの析出である。科学的な発見者は、ただ発見者であることによって賞讃されるのであり、人格的にすぐれているから賞讃されるのではない。（……）政治学や経済学といった社会科学についても然りである。国際情勢を分析し、景気循環を予測するのに、どうして徳を備えた人格者である必要があろうか。ただ『かしこく』さえあれば十分である。

　現代の情報化社会では、政治的リーダーは「裸の王様」同然に、あらゆることが暴露されていく。中国古代神話に登場する、聖天子堯帝のように、街なかに出て「治まるか治まらざるかを問う」などという牧歌的な態度は許されない。テレビの視聴率同様に、刻々と支持率が、その地位の安定度のバロメーターとなる。

　政治を個人の徳によって切り拓いていくことの限界が問われているようだ。

四　子曰《ハク》、吾十有五《ニシテ》而志《ス》二于学《ニ》一。三十《ニシテ》而立《ツ》。四十《ニシテ》而不レ惑《ハ》。五十《ニシテ》而知《ル》二天命《ヲ》一。六十《ニシテ》而耳順《フ》。七十《ニシテ》而従《ヒテ》二心《ノ》所《ニ》レ欲《スル》、不レ踰《エ》レ矩《ヲ》。

子曰《しい》はく、吾《われ》十有五《じふいうご》にして学《がく》に志《こころざ》す。三十《さんじふ》にして立《た》つ。四十《しじふ》にして惑《まど》はず。五十《ごじふ》にして天命《てんめい》を知《し》る。六十《ろくじふ》にして耳順《みみしたが》ふ。七十《しちじふ》にして心《こころ》の欲《ほっ》する所《ところ》に従《したが》ひて、矩《のり》を踰《こ》えず。

【現代語訳】　先生が言われた。「わたしは十五歳で学問に志し、三十歳で（学問や自分の）立場が確立し、四十歳で（学問に対する自信をもち、人生のめざす方向に間違いがないと確信して）迷わなくなった。五十歳で天から与えられた使命をさとり、六十歳で人のことばがすなおに聞けるようになり、七十歳で自分の思うままに行動しても道にはずれることがなくなった。」

【語釈】

○十有五＝十五歳。「有」は又と音通で、十と五。

○志于学＝学問修養に志をたてた。吉川説によれば「十五になって、学問をすべく決心したというのは、高度の学問に向っての意志を決定した、ということでなければならない。それは恐らく、文化によって人間に貢献するということであった。」そして木村説では「一般的に言って、論語に見える『学』は単なる知識や技術の習得ではなく、国家社会の指導者として恥ずかしくないところの人格も教養もすぐれた人物、すなわち君子になるための学習と訓練をさしている。」

○立＝自分の立場が確立した。

○不惑＝価値判断の基準が明らかになり、惑うことがなくなった。

○天命＝天から命ぜられた使命。木村説で、「天命」には「運命」と「使命」との両義を含んでいる。それがその人の運命でもあり、使命でもあるところの生涯のあり方であると解釈する。

○耳順＝人の言葉がすなおに聞けるようになる。

○従心所欲＝本心の求めるままに行動する。

○不踰矩＝道にはずれない。

【解説】

この章は孔子が晩年に自分の生涯をふりかえった感慨のこもった簡潔な自叙伝である。けれど、孔子の出身を「貧しい武士の孤児」（貝塚説）「女巫《じょふ》の私生子」（白川説）のどこに置くかによって、「学に志す」以下の生涯のあり方について視点が異なってくる。ところで、孔子の生没年と魯国を中心とした歴史事実とを関連させ、孔子の生涯について貝塚説では次のように述べている。

○十五歳…貧乏な武士の孤児であった孔子は、貴族の子弟を教育するような学校で系統的な教育をうけたのではなく、「夫子焉《いずく》にか学ばざらん、而して亦何の常師かこれ有らん」（子張篇）のように、みずから多くの師をたずねて教えを受けたのであろう。

○三十而立…孔子は「吾少《わか》くして賤《いや》しきなり。故に鄙事《ひじ》に多能なり」（子罕篇）と学問にはげみながら、いろいろの職業を転々とし、「三十にして立つ」において、やっと学をもって世に立つことが可能となったことを孔子は語っているだろう。

○四十にして惑はず…四十を越した孔子が祖国を復興させるために決意して帰国したとする。

○五十歳で「天命を知る」とは三桓氏の打倒が天から与えられた使命であることを自覚して改革に努力するが、これが挫折したこともまた人力以上の天の配剤であったことを孔子がさとった。

○五十六歳以後、孔子は魯国を去って流浪の旅に出る。六十歳の「耳順」は遍歴放浪の旅によって、自分とは意見をことにする人がいることを認めその人たちの考えをすなおにきいてみる心境に達せさせた。

なお「心の欲する所に従ひて矩を踰えず」ということに関して、桑原武夫氏は「自由自在の至上境といえるが、同時に節度を失うような思想ないし行動が生理的にもうできなくなったことにもなろう。それは必ずしも羨しい境地とは言えないのではないか」と老境に達した孔子が情熱や意欲を喪失しかかったこと「彼の発言が無意識的に彼の生理的諸段階を反映しているかもしれないのである。」と想定した、従来にはない新説を展開する。

八

子夏問《フ》レ孝《ヲ》。子曰《ハク》、色難《シ》。有《ラバ》レ事弟子服《シ》二其《ノ》労《ニ》一、有《ラバ》二酒食一先生饌《ニス》。曾《チ》是《ヲ》以《テ》為《サン》レ孝《ト》乎。

子《し》夏《か》、孝《かう》を問《と》ふ。子《し》曰《い》はく、色《いろ》難《かた》し。事《こと》有《あ》らば弟《てい》子《し》其《そ》の労《らう》に服《ふく》し、酒《しゅ》食《し》有《あ》らば先《せん》生《せい》に饌《せん》す。曾《すなは》ち是《これ》を以《もつ》て孝《かう》と為《な》さんや。

【現代語訳】 子夏が孝について尋ねた。先生が言われた。「父母に対して、子どもがいつもおだやかな表情をしていることはむつかしい。村の会合や行事で若者たちが労力を奉仕し、酒やご馳走が出る宴会では、先《ま》ず目上の人にさしあげる。（年長者と若者の間で当然行われているような、通り一遍の奉仕をしているのが）孝行といえるだろうか。」

【語釈】

○色難＝（子が親に対して）いつもおだやかな表情をしているのがむつかしい。

「色」について

・新注では、親に仕える子どもの真心が顔や態度にあらわれること。

・古注では親の顔色として、「子どもは親の顔色を察して、親の気に入るように、よく仕えること」とする。

○有事＝村の会合や行事（とくに祭や葬儀）。

○弟子＝ここでは村（郷党）の若者。

○服其労＝労力で奉仕する。

○酒食＝ご馳走。

○先生饌＝年長者にさしあげる。「先生」は目上の人。「饌」はご馳走をならべる。

○曾是以為孝乎＝それだけのことで孝と言えましょうか。

【解説】

「色難し」については『礼記』祭義篇の「孝子の深く愛有る者は必ず和気あり。和気ある者は、必ず愉《たの》しめる色あり」に基づくとされる。後漢の古文派の馬融《ばゆう》は「父母の顔色によって、その意志を察して行動するのが、孝行の中で、もっとも難しいことだ」という。これに対して朱子は、『礼記』の祭義篇を用いながら、「親に対して、親を思う子どもの真心や気持ちが顔や態度にあらわれるので、いつもおだやかな顔色でいるのがむつかしい」とする。親孝行の模範とされる「二十四孝」の古代神話に登場する舜の父と後妻は、舜に対して無理難題をもちかけ、舜を殺害しようとまでする。その父と後妻の意志を察して行動するという舜は現実の家庭内では考えられない、親子の関係にある。かつての家庭にあって親子の関係で、親は絶対の権限を発揮し、子どもは絶対的な服従を強いられたことがあったかも知れない。

　中国の旧王朝時代、家庭における親の存在が絶対であったとする過去の歴史認識は必要である。しかし、将来的に『論語』を読み、伝承する立場からすれば、朱子の「色難し」を孝子は親につかえるさいに、愛情を示すのがたいせつだととったのは正しいと、朱注に賛意を示す貝塚説が適切だと思われる。

九　子曰ハク、吾与レ回言フコト終日、不ルコトレ違ハ如シレ愚ナルガ。退キテ而省レバ二其ノ私ヲ一、亦タ足レリ二以テ発スルニ一。回也不レ愚ナラ。

子《し》曰《い》はく、吾回《われくわい》と言《い》ふこと終日《しゅうじつ》、違《たが》はざること愚《ぐ》なるが如《ごと》し。退《しりぞ》きて其《そ》の私《わたくし》を省《み》れば、亦《ま》た以《もつ》て発《はっ》するに足《た》れり。回《くわい》や愚《ぐ》ならず。

【現代語訳】　先生が言われた。「私は顔回と一日中、話しをしていても、黙って聞いているだけで、言葉をかえしたり、異論をとなえることもない愚な者のようにみえた。けれど、私のもとを引きさがった私生活を観察してみると、私の話したことを発展させ、実行していた。顔回は決して愚な者ではない。」

【語釈】

○回＝姓は顔《がん》、名は回《かい》。字は子淵《しえん》。顔淵《がんえん》とも言う。孔子より三十歳年少で、聡明で最も孔子が期待した弟子。

○言終日＝一日中話をしている。

○不違如愚＝孔子の話を拝聴しているだけで異論をとなえず、愚か者のようであった。

・古注には「違はずとは、孔子の言を怪しみ問ふ所なく、黙して之を識すること愚なるが如し」ととらえる。

○退而省其私＝席を退き、顔回の私生活を観察する。

・古注では「私」の意味を、顔回は孔子の前から退いて、弟子たちと議論していると解釈し、伊藤仁斎もその説を支持する。

○亦足以発＝孔子の言葉を発展させ、実行していた。木村説では「発」は啓発と発明との両義に解釈できる。「発明」は聞いた知識を実際に応用する方法を開発してマスターすること。「啓発」はうまく応用していて、見る人にハッと気付かせてヒントを与える。

【解説】

この章の孔子と顔回の対面の様子を推察してみると、孔子が顔回と初対面の時だと考えられる。

『論語』中に顔回に関する記述は二十一条に及ぶ。「賢也回哉」（雍也篇）「好学、不遷怒、不貳過」（雍也篇）など顔回絶賛のことばや早逝した顔回を惜しむことばを見い出すことができる。

顔回は寡黙であるが、抜群に理解力が卓越していて、一語一語孔子のことばをかみしめ理解して、行動に移すことができた。不言実行型の典型である顔回の特性を初対面の孔子は見抜くことができなかった。ただうなずき聞くことに徹していた顔回のことを、孔子の心の中では「愚者」ではないかとの疑念がよぎった。そして私生活を観察して、逆にあの日語ったことばを完璧に実践している顔回に驚嘆した章だと考えてみた。

一一　子曰ハク、温メテレ故キヲ而知ルレ新シキヲ、可シ二以テ為ルレ師矣。

子曰《しい》はく、故《ふる》きを温《あたた》めて新《あたら》しきを知《し》る、以《もっ》て師《し》為《た》るべし。

【現代語訳】 先生が言われた。「（冷たくなった食物を温《あたた》めなおして口にするように）過去の伝統や文化を冷えきったまま受容するのではなく、現代の火にかけて新しい意味や価値観を創造することができる、そういうことができる人が他人の師となることができるのだ。」

【語釈】

○温故＝過去の事柄や以前習い修めたことをくり返し習熟する。

・鄭玄注では「温は燖温《じんおん》」として「あたためる」と訓じる。「故《もと》学んで熟したことを、後に時に之を習うことを温という」との意味に解釈する。

・朱子注では「温は尋繹《じんえき》」として「たずねる」と訓じて、「研究する」ことの意味に解釈する。

○知新＝新しい知識を発見する。

・朱子注では「故」は旧《ふる》くに聞く所、「新」は今の得る所なりとの意味に解釈する。

○可以為師矣＝人の師となることができる。

わが国の訓読では以下の三通りの読み方があり、解釈はあまり違いはない。

一、以て師たるべし……人の師となる資格がある。

二、以て師と為《な》るべし…人の師となれる。

三、以て師と為《な》すべし…他人の師となることができる。

【解説】

「温故」と「知新」について、両者の相関関係があるのか、それとも別々の事柄とするか、一般的には相関的にとらえ、解釈している。桑原武夫氏は「伝統を墨守するのではなく、永遠の真理の今日的意味をさぐる。そうした知的訓練を重ねることによってのみ、目前の複雑で混沌とした、しかし私たちにとってもっとも切実な現実を鋭くまた筋道をたててとらえることができる」と解釈する。また吉川幸次郎氏は後漢の思想家、王充《じゅう》の『論《ろん》衡《こう》』を取りあげ「古きを知りて今を知らざる、これを陸《りく》沈《ちん》という、歴史を知って現実を知らないものは陸沈、陸上での溺死だ。今を知りて古きを知らざる、これを盲瞽《もうこ》という、現実を知って、歴史を知らないものは、盲だ。故きを温めて新しきを知りてこそ、以て師と為るべし。古きも今も知らずして、師を称するは何ぞや」と解釈する。

一七

子曰《ハク》、由、誨《ヘン》二女《ニ》知《ルコトヲ》レ之《ヲ》乎。知《ルヲ》レ之《ヲ》為《シ》レ知《ルト》レ之《ヲ》、不《ルヲ》レ知《ラ》為《セ》レ不《ト》レ知《ラ》。是《レ》知《ル》也。

子《し》曰《い》はく、由《いう》、女《なんぢ》に之《これ》を知《し》ることを誨《をし》へんか。之《これ》を知《し》るを之《これ》を知《し》ると為《な》し、知《し》らざるを知《し》らずと為《な》せ。是《こ》れ知《し》るなり。

【現代語訳】 先生が言われた。「子路よ、おまえに知るとはどういうことかを教えてやろう。自分の知っていることは他人に知っているといってもよいが、自分の知らないことは、他人に知らないとはっきりと言わなければならない。これがほんとうの知るということなのだ。」

【語釈】
○由＝姓は仲《ちゅう》、名は由《ゆう》。字は子路。孔子より九歳年少で、豪快で熱血漢であるが、軽率なところがある。
○誨女知之乎＝おまえに知るということを教えようか。
この章における孔子と子路の会話について朱子の注では次のようにとらえている。

「子路、勇を好む。蓋《けだ》しその知らざるところを強いて以て知れりと為すものあらん。故に夫子、これに告げて曰はく、我、女に誨ふるに、これを知るの道を以てせんか。」


【解説】

この章の「知」について、子路の人間像のとらえ方によって大きな違いがでてくる。知ったかぶりで軽率な子路に「知るということ」を孔子が教える言葉とするか、真の知性についての問答かという違いがでてくる。仁斎は「知者は知るべきものを知ろうと務め、知って益なきことは知ろうとしないものである」と述べ、知者とは真の知性を希求し、ことごとく天下の事を知ろうとする博覧強記な知識を所有することではないとする。

わが国においては中島敦の『弟子』の小説によって、子路は直情径行で思慮分別に欠けるが、孔子に対することの上ない、師に対する敬慕する気持ちを持つ、仁侠的な人物というイメージが強く、子路が真の知性を求める弟子であるというとらえ方を支持する説は少ない。

八佾篇

この章は、孔子が季氏の非礼を批判した「八佾庭に舞わしむ」の最初の二字をとって篇名としている。朱子は「凡そ二十六章は皆礼楽の事を論ず」と述べている。二十六章がすべて礼楽に関わる章であり、論語二十篇の中で、顕著な特色のある篇である。

礼楽に関する師弟の言行を集めて編集したもので、大体において、直弟子以来の伝誦を、魯において後学が編集・伝承したものである。

この篇に登場する人物には、直弟子の冉有・子夏・子貢・宰我の他に、季氏・三家・定公・哀公はすべて魯の人である。孔子と問答した王孫賈や儀封人は衛の人で、孔子が天下遍歴中に衛で会った人であり、孔子晩年に孔子のもとにいた直弟子から魯の後学に伝わった伝誦資料であると言えよう。

この章で、まず季氏及び三家の非礼を述べ、人間らしさをもっていなければ礼も楽も正常とならないと述べ、礼は形式よりも精神・心のあり方が重要で、華美で豪華であるよりは謙虚でつつましやかな秩序尊重を重視すべきだと述べている。そして夏礼・殷礼よりも周礼が内容も優れているので、周礼を基準にすべきだが、周の古礼が崩壊しかかっている現状を指摘し、本来の姿を究明しようといしている。そして礼は国家社会や文化生活の正しい秩序をもたらすものであり、音楽における調和を理想とするように、礼と楽を運用するのが完成形態だと述べている。

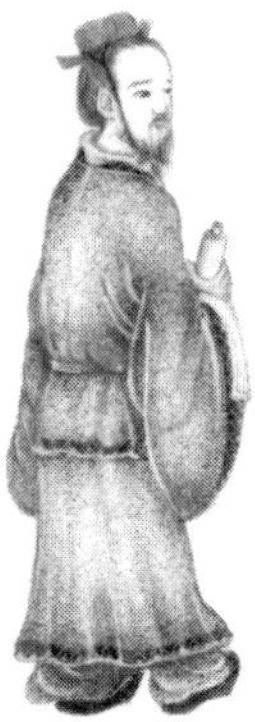

一 孔子謂季氏。八佾、舞於庭、是可忍也、孰不可忍也。

孔子《こうし》、季氏《きし》を謂《い》ふ。八佾《はちいつ》、庭《には》に舞《ま》はしむ、是《これ》をも忍《しの》ぶべくんば、孰《いづ》れをか忍《しの》ぶべからざらん。

【現代語訳】 孔先生が季氏について評されたことがあった。「季氏は自宅の庭で八列六十四人の舞を舞わせたが、これがゆるせるならば、この天下でゆるせないものがあるだろうか。」

【語釈】

○季氏＝魯の家老季孫氏の五代目の当主季平子《きへいし》。魯の君主をしのぐ権勢をほこっていた。

○八佾＝天子が廟の祭りに行うことのできる舞。佾は舞人の列のことで、「八佾」は八列、列ごとに八人、計六十四人で演ずる集団の舞。諸侯は六佾、卿大夫は四佾、士は二佾と定められていた。陪臣の季氏が甚しい僭上《せんじょう》のふるまいを犯したのである。

○是可忍也、孰不可忍也＝これがゆるせるのならば、世にゆるせないものはない。

季氏は魯国の君主であった桓公の子孫で、孟孫、叔孫の二家とあわせて三桓《かん》と言われ、この三家は魯国の重臣として政治的な権力をふるった。

〈三桓氏系図〉

桓公 ─┬ 荘公
　　　├ 慶父《けいほ》（仲孫氏のちに孟孫氏）
　　　├ 叔牙《しゅくが》（叔孫氏）
　　　└ 季友（季孫氏）

【解説】

魯において、周王朝の天子と同じ八佾の舞がなぜ舞われていたのかと言うと、魯国の始祖は周王朝創始者の武王の弟周公旦で、周王朝から特別待遇を受け、天子の儀礼と同程度であることが許されていた。魯国歴代の君主は国廟に祖先を祭るのに、八佾の舞を行っていた。季孫氏は自邸に先祖の桓公の廟《びょう》を建てて祭っていた。ところで、魯の桓公の末子季友は、僖《き》公を擁立して、他の三家より格段に違いのある権力を保持することになるのである。その君主擁立劇の一端を述べると荘公の没後、慶父《けいほ》が荘公夫人の哀姜《あいきょう》と手を組み、湣《びん》公を擁立した。その湣公を殺害して、慶父が魯の君主の座につこうとした。この時、陳に亡命していた季友が僖公を擁立し、慶父を死においやった。

最終的に季友が擁立した僖公が魯公となり、季孫氏が魯国の中で権力を掌握することになるのである。

四

林放問《フ》二礼之本《ヲ》一。子曰《ハク》、大《ナル》哉問《ヒヤ》。礼《ハ》与《リハ》二其《ノ》奢《ラン》一也寧《ロ》倹《ナレ》。喪《ハ》与《リハ》二其《ノ》易《メン》一也寧《ロ》戚《メ》。

林放《りんぽう》、礼《れい》の本《もと》を問《と》ふ。子曰《しい》はく、大《だい》なるかな問《と》ひや。礼《れい》は其《そ》の奢《おご》らんよりは寧《むし》ろ倹《けん》なれ。喪《さう》は其《そ》の易《をさ》めんよりは寧《むし》ろ戚《いた》め。

【現代語訳】 魯の国の林放《りんぽう》が礼の根本について尋ねた。先生が言われた。「なんと大きな問題をもち出したものだ。礼は豪華であるよりも、質素・倹約に心がけるものだ。葬儀は形式をととのえるより、悲しみの気持ちがこもるように心がけるものだ。」

【語釈】

○林放＝魯の国の人というだけでよくわからない。孔子の門人として正式に入門した人ではなさそうである。

○礼之本＝礼の根本。

○大哉問＝大きな問題をもち出したものだ。

○礼与其奢也寧倹＝礼は豪華にするよりは、むしろ質素にしなさい。
○喪与其易也寧戚＝お葬《とむら》いはゆきとどくことよりは悲しみの気持がこもるようにしなさい。
○易
・古注の包咸は「易は和易なり」とし、「すらすらととどこおりなくはこぶ」意とする。
・新注は「易は治なり」とし、「形式をととのえる」の意。
・鄭玄は「簡《かん》なり」として、「手軽に、要領よく葬式を行なう」の意とする。

【解説】

林放については、鄭玄が「魯人」としているだけで、よくわからない人物である。『史記』仲尼弟子列伝にも『孔子家語』にも取りあげられていない。この「林放」は八佾篇の二章あとにも登場する。季氏が泰山で「旅《りょ》」（諸侯が領地内の山や川の神を祭る祭）の祭をした。諸侯（魯公）の臣下である季氏が「旅の祭」をしたことに憤慨した孔子が季氏の宰をしていた弟子の冉有に季氏の僭越な非礼を止めさせなかったことを強く非難した。その時に冉有は「できません」と返答をした。「泰山の山の神が先日自分と問答した林放より礼のことがわかっていないと思っているのか」を孔子は冉有をきつく詰問している。

孔子が諸国遍歴の旅から帰った前後に、季氏七代目の季康子が突然泰山で大祭を挙行した。その時、魯の君主は哀公で、本来的には哀公が主宰すべき大祭である。

貝塚氏は、この季康子の暴挙について、「季氏がこれをみずから執行したのは、魯公にかわって、君主の地位につこうとする野望をひめていると孔子は見破ったので、弟子で季氏の宰、つまり（季氏の）家臣の上役であった冉有を召して、はげしく責任を追究したのである。」と指摘する。魯の国情に基づく卓説である。

九

子曰ハク、夏ノ礼ハ吾能ク言レヘドモ之ヲ、杞ハ不レルレ足ラレ徴スルニ也。殷ノ礼ハ吾能ク言レヘドモ之ヲ、宋ハ不レルレ足ラレ徴スルニ也。文献、不レルガ足ラ故也。足ラバ則チ吾能ク徴レセン之ヲ矣。

子曰《しい》はく、夏《か》の礼《れい》は吾《われ》能《よ》く之《これ》を言《い》へども、杞《き》は徴《ちょう》するに足《た》らざるなり。殷《いん》の礼《れい》は吾《われ》能《よ》く之《これ》を言《い》へども、宋《そう》は徴《ちょう》するに足《た》らざるなり。文献《ぶんけん》、足《た》らざるが故《ゆゑ》なり。足《た》らば則《すなは》ち吾《われ》能《よ》く之《これ》を徴《ちょう》せん。

【現代語訳】 先生が言われた。「夏王朝の制度文物について、私は説明することができるが、夏の後継者である杞《き》の国には、証拠となるものがのこっていないので実証することができない。殷王朝の制度文物について、私は説明することができるが、殷の子孫がいる宋の国には、証拠となるものがのこっていないので実証することができない。杞の国にも宋の国にも史料や文献、古老や物知りが残っていないからである。史料や文献がのこっていて古老や物知りがいれば、私の説を証明してみせるのだがね。」

【語釈】

○夏礼＝夏の国の制度文物のこと。

○杞＝夏王の子孫の封ぜられた国で、現在の河南省杞県にあたる。

○不足徴也＝（夏王朝の子孫の杞の国によって）夏王朝の制度を実証することができない。

○宋＝殷王の子孫の封ぜられた国で、現在の河南省商《しょう》邱《きゅう》県にあたる。

○文献＝史料のこと。「文」は史料、「献」は賢と同音で、古老、賢者の意味。

【解説】

夏《か》は孔子が活躍した周王朝より二つ前の王朝で洪水治水神話に登場する禹《う》によって創始されたとされる。また殷は現在知られている最古の歴史的王朝である。夏王朝の桀王を滅ぼした湯《とう》王から最後の紂《ちゅう》王まで三十王続き周に滅ぼされた。杞は夏王朝の末裔が封ぜられた国で、宋は殷王朝の子孫が住む国である。中国古代の宗教観では、祖先の祭祀をする者がいないと祖先の魂がさまよい、生きている人に危害を与えると言われ、祖先の祭祀のために封ぜられたと言われる。

ところで、弟子の子張の「十世知るべきや」と三百年先の未来について知ることができるかという問いに「百世と雖《いへ》ども知るべきなり」と三千年先の未来をも知ることができると答えている。孔子は未来について夏・殷・周の三代文化を総合した理想社会の構想イメージをもっていたらしいのであるが（衛霊公篇十）、夏・殷の子孫の国に史料がのこされていないので、理論が実証できないことをなげいている。孔子は今日の歴史学者に通ずる実証主義者であったと言える。

一四　子曰《ハク》、周《ハ》監《ミテ》二代《ニ》郁郁乎《トシテ》文哉《ナル》。吾《ハ》従《ハン》周《ニ》。

子《し》曰《い》はく、周《しゅう》は二代《にだい》に監《かんが》みて郁郁乎《いくいくこ》として文《ぶん》なるかな。吾《われ》は周《しゅう》に従《したが》はん。

【現代語訳】　先生が言われた。「周の文化は夏・殷の二王朝を手本にしながら、咲く花のにおうように美しいものである。わたしは周の文化をすぐれたものとして従いたいものだ。」

【語釈】
○周監於二代＝周の文化は夏・殷二代を手本にしている。
○郁郁乎文哉＝咲く花のにおうがごとく美しいことだろう。
○吾従周＝周の文化をすぐれたものとして、それに従おう。

【解説】

孔子の歴史認識及び思考の根底に、過去の文化・制度に考察の視点をあてて、その中で卓越したものを見つけ出し、後世へ伝えていくことに使命を感じ、また孔子の歴史認識の核（本質）としている。

　夏と殷（商）の二王朝について、今日なお夏王朝の実在について議論が続いている。ただ、伝説として聖天子舜に仕えた禹の建てた国とされ、土木治水に功績をのこしている。また夏の文化については暦法が優れ、夏の太陰暦は農業・漁業に便利だと言われ、今日でも重宝されている。

　殷の文化は亀甲・獣骨文字などを用い、さらに亀卜《きぼく》など占いの文化が中心で「易の文化」をもたらし、合理的な判断基準を提示することになった。

　周になって、これらの二代の文化を継承しながら、殷代の兄弟相続法を改めて父子相続法として儒教倫理の礼・孝の概念が確立された。さらに学制が確立し教育が普及した。周王朝の中央政府に六官・三百六十の官職が制定され、それ以後の王朝の国家の政治体制の基盤が確立し、礼楽文化の花を咲かせた。孔子は周の礼楽文化を賛美し、その制定に大功があった周公を理想の人として尊敬し、敬慕したのである。

一五

子、入《リテ》二大廟《ニ》一、毎《ニ》レ事問《ヘリ》。或《ルヒトノ》曰《ハク》、孰《カ》謂《フ》二鄹人之子《ヲ》知《レリト》一レ礼《ヲ》乎、入《リテ》二大廟《ニ》一、毎《ニ》レ事問《ヘリ》。子聞《キテ》レ之《ヲ》曰《ハク》、是《レ》礼也。

子《し》、大廟《たいべう》に入《い》りて、事《こと》ごとに問《と》へり。或《あ》るひとの曰《い》はく、孰《たれ》か鄹人《すうひと》の子《こ》を礼《れい》を知《し》れりと謂《い》ふや、大廟《たいべう》に入《い》りて、事《こと》ごとに問《と》へり。子之《しこれ》を聞《き》きて曰《い》はく、是《こ》れ礼《れい》なり。

【現代語訳】 孔先生が（周公を祭った）みたまやにお参りになったとき式次第など礼について一つ一つ係の役人に尋ねた。（その様子を見た）ある人が「鄹の田舎から出てきた人間を礼に詳しいなど言ったのは誰だ。みたまやにお参りしてことごとく係の役人に聞いていたではないか」と言った。その噂を聞いた先生は「わからないことをことごとく聞く、そのことが礼なのだ」と言われた。

【語釈】

○大廟＝魯国の始祖、周公を祭ったみたまや。

○毎事問＝式次第・冠服など一つ一つについて問う。

○鄹《すう》人之子＝鄹の田舎から出てきた男。孔子を軽蔑して言った言葉。鄹は孔子の父叔梁紇《しゆくりようこつ》がこの地の大夫であった。徂徠によれば、鄹人の子と言うのは、孔子を軽んずるの辞であり、『左伝』や『孟子』の用例からすれば、「皆少年を指し之を言ふ」と主張している。

○是礼也＝ことごとにたずねて慎しむことが礼である。

【解説】

「大廟《たいべう》に入って事毎《ことごと》に問《と》ふ」について荻生徂徠は「古《いにし》へ必ず此の礼あらん。ゆゑに孔子曰く、『是れ礼なり』」と述べ、魯の始祖周公旦を祀《まつ》る大廟では、祭祀の次第を、そばにいる役人に一つ一つ丁寧にたずねながら、行動するのは礼に基づくものだと解釈する。

さらに、徂徠は「是れ礼なり」について、古注（孔安国）が「之を知るといへども当《まさ》に復た問ふべし。慎しむの至りなり」と注釈しているが、「礼」について「礼の意を解する已《のみ》」と形式的な礼の理解にとどまっていると非難する。そして朱注の「敬謹の至り、乃《すなわ》ち礼と為すゆゑんなり」としなければ「口給《こうきふ》を以て人に禦《こた》ふるなり」（公冶長篇）となってしまう。古注のようにとらえたならば、ただ儀礼として問いかけるだけで、口達者のものが心をこめず、人の問いに答えるのと同じだとする。

この章は、「孔子が魯のくにの執政となった時のこと」（吉川）「鄹《すう》の田舎侍の息子《むすこ》から成り上って、魯の大臣となった」（貝塚）とし、孔子五十三歳から五十五歳の間のことであっただろうとする。「孔子にたいする既成貴族の反感は大きく、目を皿のようにして孔子の挙動を観察していた」（貝塚）とする孔子の生涯において、魯の国で存在感があらわれはじめた時期の章とすれば、内容理解がすっきりとして受けとることができるであろう。

一九　定公問《フ》、君、使《ヒ》レ臣《ヲ》、臣、事《フルコトニ》レ君、如レ之《ヲ》何《セン》。孔子対《ヘテ》曰《ハク》、君、使《フニ》レ臣《ヲ》以《テシ》レ礼《ヲ》、臣、事《フルニ》レ君《ニ》以《テス》レ忠《ヲ》。

定公《ていこう》問《と》ふ、君《きみ》、臣《しん》を使《つか》ひ、臣《しん》、君《きみ》に事《つか》ふること、之《これ》を如何《いかん》せん。孔子《こうし》対《こた》へて曰《い》はく、君《きみ》、臣《しん》を使《つか》ふに礼《れい》を以《もつ》てし、臣《しん》、君《きみ》に事《つか》ふるに忠《ちゅう》を以《もつ》てす。

【現代語訳】　魯の定公がたずねられた。「君主が臣下を使い、臣下が君主に仕えるのに、どのような心がけがいるだろうか。」孔先生がおこたえした。「君主が臣下を使うには、礼にかなった対応にこころがけられ、臣下が君に仕えるには、まごころをもって仕えることです。」

【語釈】

○定公＝魯の君主。名は宋。（在位前五〇九～前四九五）孔子はこの君主に重く用いられ大臣として国政に参与した。

○君使臣＝君主が臣下を使う。

○臣事君＝臣下が君主に仕える。

○如之何＝どういう心がけがいるだろうか。

○礼＝待遇を正しくする。

○忠＝まごころをもって仕える。漢代以降の君に忠といえば臣下の君に対する義務だけに限定されるが、ここではそれとは異なる。

【解説】

魯の定公は、兄の昭公が魯の重臣たちに国外に追い出され、国外で客死した後、魯の権臣に擁立されて在位した君主である。定公が即位した当初、季孫氏の勢力は主君より強く正道を離れていたので、仕えず、詩書や礼楽を修めていった。ただ魯国内で野心家の陽虎が乱をおこし、敗れて斉に亡命した。ところが、古注によれば、当時の魯の臣下は君に対して礼を失していたので、定公は憂えて問を発したという。このことがあって、孔子は定公に召され中都の宰（郡長）となり、ついで五十三歳の時、大司寇（司法長官）となった。そして定公の相として斉と夾谷に会し、魯の窮地も救い国威をあげた。さらに五十五歳で魯の宰相の職責を代行し、国政に参画するようになり、三か月で魯は大いに治まった。この問答は孔子が国政に参画するようになった時のことであろう。

徂徠は「君、臣を使ふに礼を以てせば、臣、君に事ふるに忠を以てせん」と読んでいる。孔子の定公に対する助言とすれば徂徠の読み方が適切であろう。

二一　哀公問《フ》二社《ヲ》於宰我《ニ》一。宰我、対《ヘテ》曰《ハク》、夏后氏《ハ》以《テシ》レ松《ヲ》、殷人《ハ》以《テシ》レ柏《ヲ》、周人《ハ》以《テス》レ栗《ヲ》。曰《ハク》、使《ムル》二民《ヲシテ》戦栗《セ》一也。子聞《キテ》レ之《ヲ》曰《ハク》、成事《ハ》不レ説《カ》、遂事《ハ》不レ諫《メ》、既往《ハ》不レ咎《メ》。

哀公《あいこう》、社《しゃ》を宰我《さいが》に問《と》ふ。宰我《さいが》、対《こた》へて曰《い》はく、夏后氏《かこうし》は松《しょう》を以《もっ》てし、殷人《いんひと》は柏《はく》を以《もっ》てし、周人《しゅうひと》は栗《りつ》を以《もっ》てす。曰《い》はく、民《たみ》をして戦栗《せんりつ》せしむるなり。子之《しこれ》を聞《き》きて曰《い》はく、成事《せいじ》は説《と》かず、遂事《すいじ》は諫《いさ》めず、既往《きおう》は咎《とが》めず。

【現代語訳】　魯の哀公が（孔子の弟子の）宰我に、土地の神を祭る社《やしろ》の神木についてたずねられた。宰我はその問いに答えた。「夏王朝では松を用い、殷王朝では柏を用い、周王朝では栗を用いました。（そのわけを宰我は）民衆をふるえあがらせようとの意図からです。」この話を先生はお聞きになり、できてしまったことは言いわけできない。済んでしまったことをあとから諫《いさ》めることはできない。過ぎ去ったことは、とがめてもはじまらない。」

【語釈】

○哀公＝孔子最晩年の魯の君主。

○社＝樹木を神体とする土地の神を祭るやしろ。朝廷内では挙行できない多数の市民の集会や裁判・刑罰の執行の場所としてつかわれた。

○宰我＝孔子の門人。名は予、字は子我。

○夏后氏＝夏王朝のこと。夏王朝の始祖、禹《う》が天子の位についた時、夏后氏と号した。

○松・柏・栗＝夏・殷・周の三代が松・柏・栗を用いた根拠となることは不明であるが、いずれも長命の木で、大樹が茂り、神のよるところにふさわしいからであろう。

○使民戦栗＝民衆を戦慄《せんりつ》させる。「栗《りつ》」と「慄《りつ》」は音から戦慄に通ずるが、民衆を戦慄させるために栗を植えたのではない。宰我は口が達者で口から出まかせに軽率に説明しているのである。

○成事不説＝できてしまったことは言いわけしない。

○遂事不諫＝済んでしまったことは後から諫めても何にもならない。

○既往不咎＝過ぎ去ったことの責任は問うべきではない。

【解説】

「社」について、諸説がある。

○木村英一説…我が国のうぶすな神の如く、各地域の共同体の守り神として社があり、そこでは共同体の種々の行事が行われ、共同体の戸籍を蔵するもの（書社）もあり、豊作の祈願、罪人の処刑、土木や戦争の祈願、成功や凱旋の報告もそこで行われたらしい。

○貝塚茂樹説…魯国には、征服者である魯の君主と貴族のためにたてられた周社と、一般土着民のためにたてられた亳《はく》社、つまり殷社《いんしゃ》とがおかれた。社は樹木を神体とする土の神で、ふつう豊作を祈願するところである。土神は土の精、つまり暗黒世界、陰の気を代表しているので、神木のもとで裁判と刑罰が執行されることが多かった。

この章について一般的には宰我が口が達者で「栗《りつ》」と「慄《りつ》」の音が通ずるのを、周の社に栗を植えたのは、社で罪人を誅したり、訴訟をここであつかい判決を下したので、民衆のおそれたところであるので、「戦慄」させるためだと口をすべらせたとする解釈をとる。ところが、宰我は魯の国で哀公が政治的な力が発揮できないでいるので、社の説明にかりて、悪人を誅戮せよと激励した（諸橋轍次『論語の講義』）とする説がある。貝塚説では、宰我が若い哀公にクーデターを試みたらとそのかし、孔子がこの会話を聞き、無理な政策を強行させてはいけないぞと古語を引いて宰我に教訓したのがこのやりとりなのであると新説を展開する。

里仁篇

冒頭の「里仁」という孔子の言葉が篇名となっているのは、他の篇の名づけ方と同じであるが、この篇の二十六章の最後の章のみ子游の言葉で、あとの二十五章は「子曰」と孔子の言葉である。ただ第十五章だけが孔子と曾子の問答である。二十六章の展開について木村英一説が説得力があり、簡潔にまとめ紹介する。

一から七までがすべて『仁』を説いた格言で、一は『里仁』、七は『党と仁との関係』を論じたものとして首尾対応している。次に八と九の二章は『道』、十と十一の二章は『君子』。十二・十三・十四の三章は君子の行為や態度に関する章である。十五章から二十五章までは、曾子後学によって集められた格言集で、一章の『里仁』と二十五章の『徳不孤、必有隣』と対応させている。最後の二十六章では、子游が君を諫め朋友に忠告する言葉を述べているが、これは十八章の父母を諫めるあり方を述べた孔子の言葉と思い関連させて、最後の附録にしたのであろう。

竹内義雄説では次のように主張する。

最初の七章はことごとく仁を説いている。八章と九章には「道」を説いているが、いわゆる道は仁の別名にすぎない。十五章において孔子は「一貫の道」を強調し、曾子は「夫子の道は忠恕のみ」と解釈している。孔子の道は仁道であり、これを行う原則はただ忠恕の一法である。要するに里仁篇二十六章の中心をなす章は五章と十五章であって前者は仁の重要なゆえんを説き後者はその実行方法を示している。十八章から二十一章の四章には孝を説き、これはおそらく仁道の具体的な行為は孝に始まることを示したものであろう。

一　子曰《ハク》、里《ルヲ》レ仁《ニ》為《ス》レ美《シト》。択《ビテ》不《ンバ》レ処《ラ》レ仁《ニ》、焉《ンゾ》得《ン》レ知《ナルヲ》。

子曰《しい》はく、仁《じん》に里《を》るを美《よ》しと為《な》す。択《えら》びて仁《じん》に処《を》らずんば、焉《いづく》んぞ知《ち》なるを得《え》ん。

【現代語訳】　先生が言われた。「仁の徳に自分の身をおき生活することはすばらしいことだ。仁を自己の立場として選択しておきながら、それが守れないようであればどうして知ある者とは言えない。」

【語釈】

○里仁為美＝仁の徳に自分の身をおくことは、りっぱなことである。

・古注は「鄭玄曰く、里は民の居る所なり。仁者の里に居るを是れ美と為す」と「仁者の居る里」ととらえている。

・新注は「里に仁厚の俗有るを美と為す」とし、「仁風の雰囲気にあふれた里」として、古注・新注ともに仁者や土地に仁風があるとする。

わが国の徂徠は「仁に里《を》るを美となす」として、仁を徳としてわが身にとり入れすごす人、そのような人を仁者として認め、そのようなことができることが人生の目的だとする。解説に詳述するように徂徠の説に従って解釈した。

○択不処仁、焉得知＝みずから選んで仁の立場を守れない者は、知ある者とは言えない。

【解説】

古注では「仁者の居る里」として、人間らしい人の住む里だと解釈する。朱子の新注でも「むらでも仁厚の風俗のあるところは美しい」と「人間にとって環境が大切であるので、環境のよいところに住む」と新・旧いずれの注でも環境重視説でとらえている。これは「孟母三遷」の『列女伝』の逸話と結びつく考え方である。これに対して、わが国の徂徠は古代には自由な引越しなどあり得ないとして、「仁に里《を》るを美《び》と為《な》す」と古くから伝わる諺を孔子が引いてきていると主張する。そして「択《えら》びて仁《じん》に居《を》らずんば、焉《いづく》んぞ知《ち》なるを得《え》ん」と孔子が古い諺の意味を当時の言葉で説明していると徂徠はとらえている。つまり、人間として行動の基準を「仁」に置かないものは知者とは言えないのだと主張する。この徂徠説を支持する桑原武夫氏は「『里』も『処』もともに『オル』とよむが、孔子の時代には里を『オル』とはもうよまなかった。孔子は古い時代の表記をつかったにちがいない。それに、古代では人間は土地に縛られていて勝手に移住などできなかったはずだ、と徂徠がいうのは鋭く説得的である」と全面的に肯定する。

五　子曰《ハク》、富《ト》与貴《ハ》、是《キ》人《レ》之所欲《スル》也。不以《レバ》其《テ》道《ノ》得《ヲ》之、不処《レヲ》也《ル》《ラ》。貧《シキト》与賤《ハ》、是《シキ》人《レ》之所悪《ム》也。不以《レバ》其《テ》道《ノ》得《ヲ》之、不去《レヲ》也《ル》《ラ》。君子去《ハ》仁《リテ》悪《ヲ》乎《クニ》成名《サンヲ》。君子無《ハ》終《ク》食之間違《モ》仁《フコト》、造《ニ》次必《ニモ》於《ズ》是《イテシ》、顚沛《ニ》必《ニモ》於《ズ》是《イテス》。

子《し》曰《い》はく、富《とみ》と貴《たふと》きとは、是《こ》れ人《ひと》の欲《ほっ》する所《ところ》なり。其《そ》の道《みち》を以《もつ》て之《これ》を得《え》ざれば、処《を》らざるなり。貧《まづ》しきと賤《いや》しきとは、是《こ》れ人《ひと》の悪《にく》む所《ところ》なり。其《そ》の道《みち》を以《もつ》て之《これ》を得《え》ざれば、去《さ》らざるなり。君子《くんし》は仁《じん》を去《さ》りて悪《いづ》くにか名《な》を成《な》さん。君子《くんし》は終食《しゅうしょく》の間《かん》も仁《じん》に違《たが》ふこと無《な》く、造次《ざうじ》にも必《かなら》ず是《ここ》に於《お》いてし、顚沛《てんぱい》にも必《かなら》ず是《ここ》に於《お》いてす。

【現代語訳】　先生が言われた。「富・金持ちと高い地位・身分とは、だれでもほしがるものだ。しかし、それが得られる正しい方法によって得られるのでなければ、それが得られても、その立場や地位に身をおこうとしないのだ。貧乏と地位のないことは、だれでもいやがるものであるが、そのような状況になるべき怠惰・無能によらなければそこからのがれようとしない。りっぱな人間は仁の徳からはなれて、どこで名誉を全うすることができようか。君子は食事をするほんのわずかな間にも仁から離れることがなく、あわただしく急ぐときにも仁の立場にたち、つまずき倒れるときにも仁の立場にたち行動するものだ。」

【語釈】

○富与貴＝財産と地位。

○不以其道得之、不処也＝富貴を得るにふさわしい方法（勤勉、功績）によらなければ、その地位にとどまらない。

○貧与賤＝貧乏と地位のないこと。

○不以其道得之、不去也＝貧賤におちいるべき怠惰・無能によらなければ、そこからのがれようとしない。

（りっぱな行いをしていて貧賤となったのなら、貧賤から去ろうとしないで、仁を行い貧賤に安んずる）

○君子去仁、悪乎成名＝君子（りっぱな人間）は仁の徳からはなれて、どこで名誉を求めることができようか。

○無終食之間違仁＝食事をするほんのわずかな間にも、仁から離れることがない。

○造次＝あわただしい時にも。

○顛沛＝つまずいて倒れる時にも。

【解説】

儒家的な価値観として「徳と才能」のある人はおのずから「富貴」となり、「徳もなく才能」のない人は「貧賤」となるとする楽天的な人間観をもっていた。漢の高祖となった劉邦は項羽との天下を分けた戦いで、最終的に勝利して漢は王朝を創設することになった。それまで劉邦をささえ、漢王朝の貢献者であるべき張良が、なぜに劉邦のもとを去り、「仙人」となるべく山野に身を隠したのか。劉邦は、敵の存在のある時には君臣一致協力して事にあたっていたが、敵がいなくなると臣下の中で、とって代わるものが出てくるのではないかと疑心にかられ、臣下を誅殺する。そこで、それを避けるべき処世術として張良は下野した。その思惑通りに韓信は誅殺されたとするのが通説になっている。だが、視点をかえて考えてみると劉邦は「徳を修め才能」があって天下をとったのかというと、三傑と言われる張良・韓信・蕭何の三名を上手に使っただけの人物であった。つまり劉邦の評価に対して、劉邦は王朝創始者として天下を治めるにふさわしい人物ではないとする、張良の危惧が下野する要因としてあったはずである。

孔子の生涯にあてはめて考えてみると、五十五歳の時、魯の宰相代理をつとめ、魯の国はみごとに治政の効果があらわれてきた。この時斉は女楽団を魯に派遣し、定公はじめ季氏が政治をかえりみなくなった。そこで、富貴であった孔子は地位を去り、諸国遍歴の旅に出た。「貧しさと賤しさ」に対して、怠惰や無能で、自分は貧賤となるのではない。だから貧賤を覚悟の上で、孔子は魯の国を去ったのである。

七　子曰《ハク》、人之過《ツ》也、各《ミ》於《イテス》二其《ノ》党《ニ》一。観《テ》レ過《チヲ》斯《ニ》知《ル》レ仁《ヲ》矣。

子《し》曰《い》はく、人《ひと》の過《あやま》つや、各〻《おのおの》其《そ》の党《たう》に於《お》いてす。過《あやま》ちを観《み》て斯《ここ》に仁《じん》を知《し》る。

【現代語訳】　先生が言われた。「人のあやまちは、住んでいる村里の風俗によっている。あやまちのしかたや対処のしかたを見れば、（君主の）人間らしさのあり方や感化のほどがわかるのだ。」

【語釈】

○各於其党＝それぞれの住んでいる里の風俗による。「党」は郷党の意で地域共同体。

○観過斯知仁矣＝民衆の過ちを見れば、仁徳の感化のほどがわかるのである。

【解説】

この章について四つの解釈がある。右の解釈は徂徠の政治的なよみ方に従っている。

徂徠は「党」を「郷党」とし、「人」を「衆人・民衆」としている。「民衆が過ちをおかすのは、住んでいる地域社会の影響や感化によるものだから、民衆の過ちのあり方をみれば（君主の政治のよし悪《あ》しが民衆に反映されているので）君主が仁の徳があるかどうかがわかる」と解釈する。日本における政治的リーダーの影響力を重視した解釈であるが、徂徠は幕藩体制下に生きており、各藩は藩主の影響によって藩の命運が決まる、その現実を無視しえないことが根底にあったかも知れない。

古注では「党」は「党類」だとする。「民衆の過ちは、それぞれ身分や職業の種類によって違っている。君子の民衆に対する処置のしかたを見れば、その君子が仁かどうかわかる」と解釈する。

朱子の新注では「党」は「類《たぐい》」だとする。君子は人情に厚いために過ちをおかし、小人は人情に薄いために過ちをおかす。「人間はそれぞれの人間性の違いによって、過ちの種類が違ってくる。過ちのしかたを見れば、その人が仁か不仁かわかる」とする。

仁斎は「党」は「朋類」だとする。「親戚・朋友」とし、人が過ちをおかすのは、必ず朋類のためにする。過ちはわけがあるので、深くとがめてはならないし、また人間のうちにも暖かい心は消えていないはずだと性善説に徹した解釈をする。仁斎は朱子の解釈を冷酷すぎるととらえ、温情の世界にこそ、「父は子の為《ため》に隠《かく》し、子は父の為に隠す、直なるものは其の中に在り」（子路篇）とする正直さの中にも論語の「仁」があるとする。

八　子曰《ハク》、朝《ニ》聞《カバ》レ道《ヲ》、夕《ベニ》死《ストモ》可《ナリ》矣。

子曰《しい》はく、朝《あした》に道《みち》を聞《き》かば、夕《ゆふ》べに死《し》すとも可《か》なり。

【現代語訳】 先生が言われた。「もし朝、道を聞いてさとることができたならば、その夕方に死んでも心残りはない。」

【語釈】
○道＝古注では「道を聞く」の「道」は道徳的な社会が実現していることととらえている。新注では、道を真理としている。『論語』における道について木村英一氏は「道路・道程・方法等の外に、道理・真理等を意味する。そして論語では、仁が人の道で、最高善であるから、道はしばしば仁を意味している場合がある。」

【解説】
この章は『論語』において有名な章であり、古来さまざまな注釈がほどこされている。
古注では道という字の上に有を補って「有道」を聞くという意味に解して、道徳の支配する社会が実現していることを意味する。理想社会が実現したと聞いたなら、自分は死んでも心残りはない。けれど「天下の道無きや久し」（八佾篇）と自分の生きているうちには実現することはなかろうと絶望に近い感情をあらわしているとする。このような解釈をする時代背景として、六朝時代という時代を考慮する必要があるかも知れない。そのことについて吉川幸次郎氏は陶淵明が「貧士を詠ず」と題する詩に「朝に仁義と与《とも》に生くれば、夕《ゆうべ》に死すとも復た何をか求めん」とうたっているのは、古注の意味でのこの句をふまえているようであると述べている。

一方、新注では、道を真理と解し、朝に真理が知り得たら、夕《ゆうべ》に死んでもよいとする真理探究の積極的な意志を示している。貝塚茂樹氏は春秋末の乱世という時代背景に視点をあて、「たんに真理を求める気構えをあらわすだけではなく、生命が朝にして夕をはかれない緊迫した社会における、もっと切実な発言であった」と真理探究を希求する孔子像としてとらえている。

一五　子曰《ハク》、参乎、吾道《ガ》一《ハ》以《テ》貫《ク》レ之《ヲ》。曾子曰《ハク》、唯。子出《ヅ》。門人問《ヒテ》曰《ハク》、何《ノ》謂《ヒゾ》也。曾子曰《ハク》、夫子之道《ハ》忠恕而已矣。

子《し》曰《い》はく、参《しん》や、吾《わ》が道《みち》は一《いつ》以《もつ》て之《これ》を貫《つらぬ》く。曾子《そうし》曰《い》はく、唯《い》。子《し》出《い》づ。門人《もんじん》問《と》ひて曰《い》はく、何《なん》の謂《い》ひぞや。曾子《そうし》曰《い》はく、夫子《ふうし》の道《みち》は忠恕《ちゅうじょ》のみ。

【現代語訳】　先生が言われた。「曾子よ、わが道は一つのことで貫いた生涯だったな。」曾子が「はい」と答えた。先生が退出された。若い門人たちが（曾子に）尋ねた。曾子は言った。「先生の道は、まごころと思いやり（仁）で貫かれた生涯だったのだよ。」

【語釈】

○参＝孔子の弟子、曾参のこと。
○吾道一以貫之＝わが道は一つのことで貫かれている。
○唯＝「はい」という返事。心に疑いのない返事。
○子出＝先生がその場を退出された。
○門人＝曾子の門人。清の朱彝尊《しゅいそん》は「門人」とは「弟子の弟子」つまり「又弟子」だとする。
○何謂也＝どういう意味のことをおっしゃったのですか。

○夫子之道＝先生の説かれる道。
○忠恕而已矣＝まごころと思いやりだけですよ。「忠」は自分のまごころを尽すこと。「恕」は相手のことを思いやること。「忠」と「恕」とはつきつめれば愛となり、同情の働きとなる。朱子は「己を尽くすを忠と謂ひ、己を推すを恕と謂ふ」という。従って二つで一つ、つまり仁になり、孔子が生涯求めてやまないものとなる。

【解説】

孔子は弟子たちの質問に対して、人柄や性格・才能などに応じて、長所を活かし、短所を改めるように違う答え方をしている。孔子の最高の理想とする「仁」についても、顔淵篇の「顔淵問仁」・「仲弓問仁」・「司馬牛問仁」・「樊遅問仁」の答えは、説明はまちまちで、統一がないように見える。しかしながら、孔子の内面において確固として統一されているものがある。これを孔子は「一《いっ》以て之を貫く」と述べている。「忠」とは自分自身に対して誠実であること、良心的であることで、それだけでは他人には通用しがたい。そこで、自分のまごころから出発して、人に同情し理解する、他人の身になって考える知的な同情「恕」が必要となる。「忠」と「恕」が結合して、統一されて「仁」となるのである。孔子の思想と行動とは、一つのもので統一されている。子貢に対して「女《なんぢ》は予《われ》を以て多く学びて之を識る者と為すか」と孔子は問いかけ、子貢が「然《しか》り、非《ひ》なるか」と答えた。すると孔子は「非なり。予《われ》は一以て之を貫く」（衛霊公篇）と述べている。子貢が気づかず、「多識な師」との評価に対して、曾子は的確に「一貫した道」と理解し、さらに「仁」を「忠恕」と実践論理と把握し曾子の自説を展開している。曾子が孔子の晩年及び孔子没後、弟子たちの中で、重要な役割・位置を占めていたことが理解される章である。

二五　子曰《ハク》、徳《ハ》不レ孤《ナラ》。必《ズ》有レ隣《リ》。

子曰《しい》はく、徳《とく》は孤《こ》ならず。必《かなら》ず隣《となり》あり。

【現代語訳】　先生が言われた。「徳ある者は孤独のままではない。必ず徳のあるなかまができるものだ。」

【語釈】

○隣＝朱注によれば「親しむ」とする。「徳は孤立しない。必ず同類があり、相応ずるものである。だから有徳者に同志があってこれに従うのは、住居に隣りがあるようなものだ」と朱子は解釈する。

【解説】

人格者は必ず人に親しまれる。有徳者にはその人を慕う仲間がいる。『論語』は孔子の没後、孔子や弟子たちなどの語った言葉を、弟子たちの末流のものがまとめた言行録だといわれ、わが国においても千年以上も続くベストセラーの書物である。孔子の生涯は、挫折の連続であったが、理想の実現に向かって情熱を注いだ。孔子の死後、遺志を継ぐ門弟、学者が次々に現れて、三百四十余年後の漢の武帝の時代に孔子の教えは国教となった。まさに、徳は孤ならず必ず隣有りの偉業を達成したのである。

夏目漱石は「累々《るいるい》と徳孤ならずの蜜柑哉《みかんかな》」とたわわに実った蜜柑を詠む。

渋沢栄一氏は『論語講義』の中で以下のような逸話を記している。帆足万里《ほあしばんり》という大徳の学者が年老いて田舎の山中に隠居した。彼を慕う学徒が万里翁の側につぎつぎに家をたて、遂に一大塾をなし、西崦《せいあん》塾と称し、門人から西崦先生と尊称されたという。

公冶長篇

公冶長篇は、おおまかに分類すると三つの部分から成り立っている。

第一の部分は、すべて孔子が弟子を批評した言葉、あるいは人物評を含む内容である。最初から登場する弟子の名を列挙してみる。公冶長・南容・宓子賤・子貢・冉雍・漆雕開・子路・冉求・公西華・顔淵・宰予・申棖・子貢の十三名が挙げられる。第一の末尾には子貢の孔子評と、孔子以外の誰かが子路の人物像について述べている。

第二の部分については、例外として諸国遍歴の旅をやめて魯に帰る決意を示す章があるが、他は孔子と同時代、あるいは二～三世代前の諸国の大夫や賢人の人物評である。孔文子・子産・晏嬰・臧文仲・令尹子文・陳文子・季文子・甯武子・伯夷・叔斉・微生高・左丘明。十二名が挙げられている。

第三の部分では、孔子が自己の抱負や思いを述べている章で、とくに論語の中でも、名言と言われる「老者安之、朋友信之、少者懐之」と述べている章があり、「過ち」の対処のしかたの章や孔子の「好学」を述べる章がある。

公冶長篇で孔子は弟子について人物評をしているが、篇中で登場する弟子で子貢が五章、子路三章、顔回が二章に記載されている。この三人の弟子は、魯の国で政治手腕を発揮した孔子の五十代には弟子入りして、諸国遍歴の苦難の旅をともにした弟子である。子夏・子游・曾子・子張などの孔子より四十歳以上年の差のある弟子とは異なり、孔子の人間像を知りぬいている弟子である。公冶長篇には、孔子の在世中の言動が集められていて、とりわけ子路・顔回・子貢が弟子たちの中軸となり、孔子を支え、師の思想形成や礼の実践などの確立に寄与したことが感得される篇である。

一の一

子、謂《フ》二公冶長《ヲ》一、可《キ》レ妻《ハス》也。雖《モ》レ在《リト》二縲絏之中《ニ》一、非《ザル》二其《ノ》罪《ニ》一也《ト》。以《テ》二其《ノ》子《ヲ》一妻《ハス》レ之《ニ》。

子《し》、公冶長《こうやちやう》を謂《い》ふ、妻《めあ》はすべきなり。縲絏《るゐせつ》の中《うち》に在《あ》りと雖《いへど》も、其《そ》の罪《つみ》に非《あら》ざるなり。其《そ》の子《こ》を以《もつ》て之《これ》に妻《めあ》はす。

【現代語訳】 先生が公冶長について評された。「娘を結婚させてもよい。獄中に罪人としてつながれたことがあったが、彼の罪ではなかった。」そこで、自分の娘を公冶長と結婚させた。

【語釈】

○公冶長＝孔子の弟子。姓は公冶、名は長。字は子長。
○可妻也＝娘を結婚させてもよい。
○在縲絏之中＝獄中に罪人としてつながれる。「縲」「絏」ともに、罪人をしばる黒色の縄。
○非其罪也＝彼の罪ではない。伝説では公冶長は鳥の鳴き声を解する能力があり、そのため誤解されて罪を得たと言われる。（解説参照）
○以其子妻之＝自分の娘を嫁にやられた。

【参考】

公冶長＝古注「魯の人。姓は公冶、名は長。」史記弟子列伝「斉の人、字は子長」孔子家語「魯の人、名は萇」。崔述の『史記史疑』によれば孔子の女婿であっても、弟子であったかどうか疑わしいという。

孔子の子ども＝男の子に孔鯉《こうり》、女の子は公冶長に嫁す。『論語』季氏篇に「陳亢が伯魚に問ふ」という一章がある。孔鯉は孔子に先だって死んだため、「才も不才も、亦各々其の子と言ふなり」（先進篇）とある。

（孔子の家族）

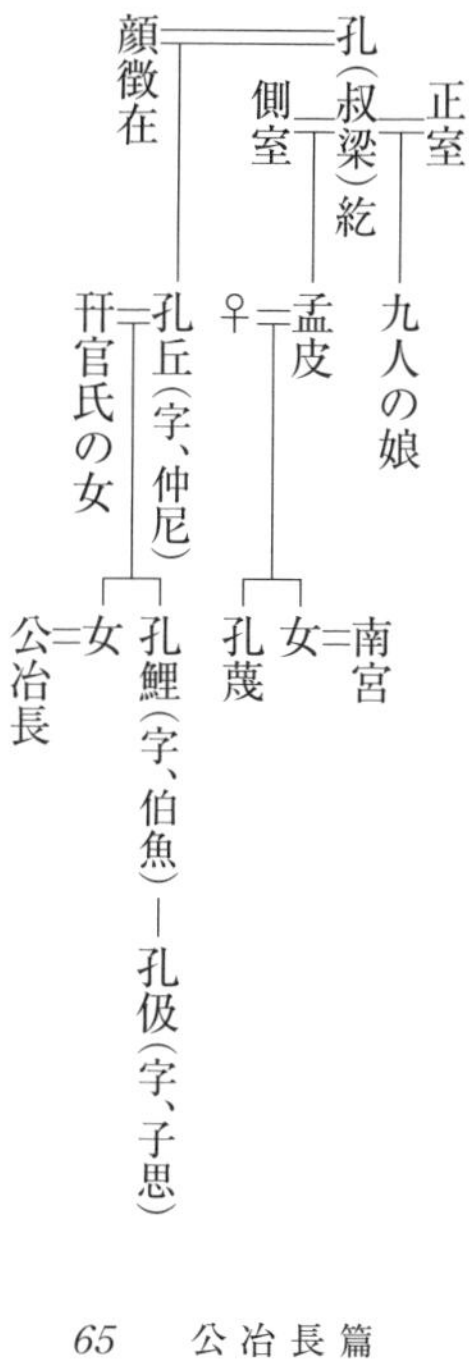

【解説】

公冶長が獄中につながれたことについて、鳥語（鳥の言葉）を理解した公冶長の逸話がある。

皇侃《おうがん》の『論語義疏』には、次のような逸話が述べられている。行方不明の幼児を捜している家人がいた。鳥が幼児が死んでいると鳴きかわしていた。それを公冶長が聞きつけて、公冶長は居場所を家人に話した。家人は幼児の死体を見つけ、それを知っていた公冶長が殺し捨てたと訴えた。公冶長は無実を主張したが、捕えられ牢屋に入れられた。その後、牢屋にいて、鳥の声を聞き、外の事件を話し、鳥語を理解することが実証されて、放免された。

孔子が公冶長を娘をやっていい人間だと評価しているが、公冶長の事跡については『論語』の中で、この章だけにしか出ていないので、孔子が公冶長に対して高い評価をする理由は不明である。

孔子が罪人となっていた公冶長に対して、無罪だと認め、自分の娘の結婚相手として公冶長を認めたことについて、諸家の意見の違いがある。仁斎は孔子は臨機応変に物事に対処し、一定の方向にしばられず、無限の自由であったととらえる。吉川幸次郎氏は自分の信ずるところには、あくまでも勇敢である態度の一つのあらわれだと主張する。桑原武夫氏は孔子は一般に穏やかな長者とみなされているが、彼の中には激しやすい何ものかがひそんでいたと述べている。

一の二　子、謂フ二南容ヲ一、邦ニ有レバレ道不レ廃テラレ、邦ニ無ケレバレ道免レルト二於刑戮ニ一。以テ二其ノ兄之子ヲ一妻ハスレ之ニ。

子《し》、南容《なんよう》を謂《い》ふ、邦《くに》に道《みち》あれば廃《す》てられず、邦《くに》に道《みち》なければ刑戮《けいりく》に免《まぬか》れると。其《そ》の兄《あに》の子《こ》を以《もつ》て之《これ》に妻《めあ》はす。

【現代語訳】 先生が南宮について評された。「国家に正しい政治が行われているときには、とりたてられ用いられる。国家に正しい政治が行われていない時にも、罪にとわれ、刑死することはないだろう。」兄の子を南宮の妻とされた。

【語釈】

○南容＝孔子の弟子。姓は南宮《なんきゆう》、名は适《かつ》。またの名は縚《とう》。字を子容と言い、南容とも言う。

○邦有道不廃＝国家が正しい政治を行《おこな》うときには、任用される。

○邦無道免於刑戮＝国家が正しい政治を行っていない時にも、刑死することはないだろう。

○以其兄之子妻之＝孔子は兄の娘を嫁がせた。兄については、孟皮という足の不自由な母の違う兄がいたとされる。

【参考】

◇南容についての諸説

『論語』には「南容」の名が、この公冶長篇と先進篇にある。憲問篇では「南宮适《なんきゆうかつ》」が記されている。

・『史記』仲尼弟子列伝では「南宮适」は字は子容、「南容」と同一人物。

・『孔子家語』弟子解では「南宮韜《とう》」は魯の人で、字は子容。論語の南容と同じとする。

・『春秋左氏伝』には「南容敬叔」という人物が昭公七年と十一年、哀公三年に登場し、孟僖子の子で、孟懿子の兄弟だとする。

・『史記』索隠注・朱子注では、すべて同一人物とする。南容＝南宮适（括）＝南容韜＝南容敬叔。

【解説】

この章は「婿えらび」の章だと言われる。

公冶長と南容の二人について孔子は優劣をつけ、よりすぐれた南容を兄の娘と結婚させた。自分の娘よりも、兄の娘の方を大切に思った。このような説が古くにあったようで、皇侃《おうがん》の『義疏』では、二人に優劣はないと言っている。朱子も、そのような説があるが、そのような遠慮は凡人にはあるが、公平の極致の聖人には、あるはずはないと否定している。

ところが、南容の人物像として、治世にも乱世にも巧みに身を処していくことができる人物だと評価されているが、彼が常平生口ずさんでいた『詩経』の「大雅《たいが》」蕩《とう》之汁《のじゅう》の句は次の詩であったという。慎重かつ謙虚な人柄であったようだ。

白圭之玷　白圭《はっけい》の玷《か》けたる
尚可磨也　尚《な》ほ磨《みが》くべきなり
斯言之玷　斯《こ》の言《げん》の玷《か》けたる
不可為也　為《をさ》むべからざるなり

（白く美しい玉が、もし欠けても、また磨いてもとどおりに美しくすることができる。しかし、言葉の上での誤ちは、とり返すことができない。）

二　子、謂《フ》子賤《ヲ》、君子《ナル》哉、若《キ》人。魯《ニ》無《カリセバ》君子者、斯《レ》焉《ニカ》取《ラン》斯《レヲ》。

子《し》、子賤《しせん》を謂《い》ふ、君子《くんし》なるかな、若《かくのごと》き人。魯《ろ》に君子者《くんししゃ》無かりせば、斯《こ》れ焉《いづく》にか斯《こ》れを取《と》らん。

【現代語訳】 先生は宓子賤《ふくしせん》について評された。「まさに君子だね、このような人物は。魯の国に君子がいなかったならばいったいどこであれほどの徳を身につけたのだろうか?」

【語釈】
○子賤＝孔子の弟子。姓は宓《ふく》、名は不斉《ふせい》。字は子賤。『孔子家語』『説苑』によれば、孔子の兄の子、孔蔑と一緒に仕官し、仲良くしていたという。

○君子哉若人＝まさに君子だ、この人は。
○魯無君子者＝（魯国には君子はいないと言う人がいるけれど）魯の国に君子人がいなかったならば。このあとに省略された言葉を補って解釈しないと意味がはっきりとつかめないはずである。木村・貝塚説を紹介しておく。木村説では、「魯に君子がおられなかったとすれば、どうしてこのようになり得たのだろう。」貝塚説では、「魯国に君子などいないというものがあるが、それなら子賤はいったいどの君子を手本にしたのだろう。」と、それぞれ補っている。
○斯焉取斯＝いったいあれほどの盛徳をどこで身につけることができただろう。

【解説】

宓子賤《ふくしせん》は単父《ぜんぽ》の地を治めるにあたり、任地に赴き琴をひきならしているだけで役所の外に出ないで良く治めたと『説苑』（政理篇）に述べられている。また、『孔子家語』（子路篇）では、単父の宰《さい》になって「仕えてから何を得、何を失ったのか」と孔蔑と宓子賤に孔子が尋ねた。孔蔑は「政事に忙しく学を失ない、骨肉の親睦を失ない、朋友の道を失なった」と否定的な発言をした。それに対して宓子賤は「教えを受けたことを実践し、学問が益々明らかに、骨肉の者は益々親しく、朋友の間は益々篤くなり、この三者を得て失なった者は一つもありません」と答えている。

桑原武夫氏の指摘する孔子の人間観は本質をついている。

孔子は宓子賤の徳をほめただけでなく、人間は生まれつきの素質に縛られるが、素質の重要性を認識しながら、さらに人間は愛情をもって助けあうことによって、素質を越えた能力・才能を発揮することができるという人間観をもっていたと考えられる。つまり、仁斎の指摘する人間的接触による感化や影響の重要性を人間観の根底にもっていたのである。

三　子貢問《ヒテ》曰《ハク》、賜也何如。子曰《ハク》、女《ハ》器也。曰《ハク》、何《ノ》器《ゾ》也。曰《ハク》、瑚璉也。

子貢《しこう》、問《と》ひて曰《い》はく、賜《し》や何如《いかん》。子《し》曰《い》はく、女《なんぢ》は器《き》なり。曰《い》はく、何《なん》の器《き》ぞや。曰《い》はく、瑚璉《これん》なり。

【現代語訳】　子貢が尋ねた。「わたしは（先生からご覧になって）いかがな人間でしょうか。」先生が言われた。「おまえは器だ。」子貢はまた尋ねた。「どんな器でしょうか。」先生が言われた。「宗廟の祭りに祭壇にお供えをかざる瑚璉《これん》の器だよ。」

【語釈】

○賜＝子貢の名。

○器＝器物。

○瑚璉＝黍稷《しょしょく》を盛って神にすすめる器で、宗廟の祭の器の中で重要なもの。

【補説】　公冶長篇の配列について

前の章で宓子賤《ふくしせん》が君子として評価された。それを聞き子貢が、自分に対する孔子の評価を聞きたくて尋ねたとするいくつかの説（貝塚説など）があるが、前章とこの章を連続した章としてとらえている。

この説に従えば、孔子は五十六歳で、魯の国の宰相代理であった孔子人生の輝かしい時代より前の時期だと考えられる。その時に子貢は十代後半か、二十代になったばかりの、若い頃となる。

【解説】

「君子は器ならず」について

孔子は「君子」として求めた条件の中に、民衆に対するリーダーシップが発揮できる、人格・教養ともに優れた人であることを弟子たちに要求した。

つまり、「器」は茶器、食事の器、生活用の器など、用途ごとに器の種類がある。手工業の盛んな時代には職人が種々な道具を作り出すが、作る道具は固定されている。孔子は一芸一能を発揮する職人芸的な人物ではなく、多様な才能を発揮できる視野が広く、知識・教養があり、人徳のある人間の育成を求めていたのである。

この章について、諸家の子貢評価について述べてみる。朱子は、「君子は器ならず」の章を意識して、子貢は瑚璉という貴重かつ華美な器のような存在感があるが、まだ君子の境地に達していないという。仁斎は「賢人の材見るべきも、賢人の徳知るべからず」と子貢に賢人としての素質をもっているが、聖人としての仁の徳をもっていないと、出すぎた態度を注意されたととらえている。木村英一氏は「孔子は、天下を治める政治は、宗廟の祭に象徴されると考えたらしい。(略)宗廟の祭祀において、天子を中心として諸侯がこれをたすけ、有司がそれぞれ部署をうけもって、さまざまの所定の位置に設備し、それぞれがその役割を果たすことによって、儀式が秩序正しく荘厳優雅に行われるのに似ている。そしてその場合、子貢の才をたとえば祭壇の中央に置かれる重要な祭器の一つである瑚璉の役割を果たすべきものと見たのである。」と瑚璉の位置づけを明らかにした評価をする。

六

子曰《ハク》、道不レ行《ハレ》、乗レ桴《リテ》浮二《バン》于海一《ニ》。従レ我《フニ》者《ハ》、其《レ》由与。子路聞レ之《キテヲ》喜《ブ》。子曰《ハク》、由也、好レ勇《ムコトヲ》過レ我《ギタリニ》。無レ所レ取レ材《シルヲ》。

子曰《しい》はく、道行《みちおこな》はれず、桴《いかだ》に乗《の》りて海《うみ》に浮《うか》ばん。我《われ》に従《したが》ふ者《もの》は、其《そ》れ由《いう》か。子路之《しろこれ》を聞《き》きて喜《よろこ》ぶ。

子曰《しい》はく、由《いう》や、勇《ゆう》を好《この》むこと我《われ》に過《す》ぎたり。材《ざい》を取《と》る所《ところ》無し。

【現代語訳】 先生が言われた。「自分の理想は実現されそうにない。いかだに乗って東の海にのり出したいものだ。わたしについてくるのは、由《ゆう》(子路)くらいだろうな。」子路はそれをきいてはしゃいでいた。孔子「由よ、おまえの勇敢さはわたし以上だが、いかだの資材はどうするつもりなのかね。」

【語釈】

○道不行=この章では、孔子が考える理想の政治が行われていないことをいう。

○乗桴浮于海=中華の国を去り、国外へ亡命すること。

○無所取材=桴《いかだ》の材料が集められていない。準備不足である。この解釈は古注によるものである。古注の別の説では、「古字、材と哉と同じ」だとして「取る所なきかな」と読むものがある。朱子の新注では「哉」を「裁」として、「事理を裁度《はか》ること能はず」と「現実の諸事・できごとに対して適切な判断を下し、正しいことに適応できない」と批判する意味にとっている。

【解説】

孔子が本気で中国脱出を考えていたかどうか諸説のわかれる章である。「海上に脱出しようとした」(貝塚)、「理想と現実との矛盾に苦しみぬいたあげく、放恣《ほうし》な空想を描くことがあった」(吉川)、「海上へでも出てこの乱れた世を避けたいという詠嘆」(吉田賢抗)、「短時間ながら冒険への空想をかなりもっていた」(桑原)。

古代中国人にとって海は未知の世界であり、ある人にとっては東海の蓬萊山神話(仙人伝説)の地であり、またある人にとっては得体の知れない巨大な怪物・怪魚のいる恐しい存在であった。海及び海辺の地方は、中華の人々にとっては住むべき地ではなく、犯罪をおかした人や身を隠す人々が住む場所であった。孟子は弟子桃応に、「父瞽瞍《こそう》が殺人をおかした時、帝の位にある舜はどうするでしょうか」(『孟子』尽心章句上)と問われたとき「帝位を捨て、世をのがれ海浜で父とともに暮らす」と述べている。

貝塚氏は「孔子のいる魯国の位置からすると、山東半島の海岸から、東にでて、遼東半島から朝鮮半島にかけての対岸がぼんやりと意識されていたのであろう。この辺の海岸には九夷といわれる異民族が住んでいた。孔子が『海に浮ばん』といったのは、この九夷の地に赴《おもむ》こうとしたのだともいわれる」と主張する。紀元前五世紀頃の中国と日本の交流記録はないが、考古学的な発掘等を含めた歴史学の実証が待望される。

八　子、謂《ヒテ》二子貢《ニ》一曰《ハク》、女《ト》与レ回也孰《レカ》愈《レル》。対《ヘテ》曰《ハク》、賜也、何《ゾ》敢《ヘテ》望《マン》レ回《ヲ》。回也聞《キテ》レ一《ヲ》以《テ》知《ル》レ十《ヲ》。賜也聞《キテ》レ一《ヲ》以《テ》知《ル》レ二《ヲ》。子曰《ハク》、弗《ル》レ如《カ》也。吾与《ト》レ女弗《ル》レ如《カ》也。

子《し》、子貢《しこう》に謂《い》ひて曰《い》はく、女《なんぢ》と回《くわい》と孰《いづ》れか愈《まさ》れる。対《こた》へて曰《い》はく、賜《し》や、何《なん》ぞ敢《あ》へて回《くわい》を望《のぞ》まん。回《くわい》や一《いち》を聞《き》きて以《もつ》て十《じふ》を知《し》る。賜《し》や一《いち》を聞《き》きて以《もつ》て二《に》を知《し》る。子曰《しい》はく、如《し》かざるなり。吾《われ》と女《なんぢ》と如《し》かざるなり。

【現代語訳】　孔子が子貢に向って言われた。孔子「お前と顔回とどちらがすぐれているのかな。」子貢「わたくし（賜《し》）は顔回とどうして比べられましょう。顔回は一を聞いて十をさとりますが、わたくしは、せいぜい一を聞いて二を知る程度です。」孔子「たしかに顔回には及ばないね。けれど、おまえばかりではなく、わたくしも顔回には及ばないよ。」

【語釈】

○子貢＝姓は端木《たんぼく》、名は賜《し》。字は子貢《しこう》。孔子より三十一歳年少。十哲の一人で「言語」に優れる。

○回＝姓は顔、名は回《かい》。字は子淵《しえん》。孔子より三十歳年少。十哲の一人で「徳行」に優れる。

○吾与女弗如也＝古注の包咸《ほうかん》の説による。「おまえばかりではなく、わたしも顔回には及ばない」と子貢を慰さめたとする解釈をとるものが多い。

朱子の新注では皇侃の説に基づき「吾女《なんぢ》に如《し》かざるを与《ゆる》さん」と読み、「与」は「許」であるとして、「子貢が顔回に及ばないということを認めるよ」とその違いをはっきり示したとする。

【解説】

孔子門弟中で、優れた才能のある弟子、顔回と子貢、この二人の人間性は対照的な性格、資質をもつ。顔淵は寡黙で、不言実行型の理解力抜群な人物で、清貧にあまんじ学問精進につとめた弟子である。子貢は理財の才能があり、巧みな弁説と才知のひらめきは、門弟中卓越した能力をもっている。

孔子は顔淵のことを、この上なく評価し、将来を期待していた。その顔淵のことを子貢に尋ねたのはどうしてであろうか。

「師弟の間が打てば響くように、相通ずるものがあるとともに、孔子が子貢と共に顔回の賢をたたえて、子貢の気持ちを引き立てるなど、師情豊かなものがある。」(吉田賢抗)

「夫子《ふうし》教誨《きょうかい》の術を記するなり。夫子いうあり曰く『賜や汝の敏は丘にも賢《まさ》れり』と。その穎悟《えいご》知るべきなり。しかれども顔子の賢に至っては、与《とも》に肩を比するなし。ゆえに夫子問を発して、以てその自知如何《じちいかん》を験《けん》しまさに以て他日の地をなさんとす」(『論語講義』渋沢栄一)

この章は才能ある人間が互いにその能力の発揮のしかたによって、人間関係が損われることがあるが、孔子は、ともすれば人物評価をして、自分の価値観に埋没してしまいがちな子貢の性格を見ぬき、タイプの違う人間からも、取り入れ吸収すべきものがあることを示唆しようしたと思われる。しかし、子貢は自己の立場を理解していて、顔淵の卓越さを認めつつ、さらに自己の向上をめざす人物であると孔子はあらためて子貢を評価している。

九 宰予昼寝《ヌ》。子曰《ハク》、朽木《ハ》不レ可《カラ》レ彫《ル》也、糞土之牆《ハ》不レ可《カラ》レ杇《ル》也。於《イテ》レ予《ニ》与何《ゾ》誅《メン》。子曰《ハク》、始《メ》吾於《ケル》レ人《ニ》也、聴《キテ》二其《ノ》言《ヲ》一而信《ズ》二其《ノ》行《ヲ》一。今吾於《ケル》レ人《ニ》也、聴《キテ》二其《ノ》言《ヲ》一而観《ル》二其《ノ》行《ヲ》一。於《イテ》レ予《ニ》与改《ム》レ是《ヲ》。

宰予《さいよ》、昼寝《ひるい》ぬ。子曰《しい》はく、朽木《きゅうぼく》は彫《ほ》るべからず、糞土《ふんど》の牆《かき》は杇《ぬ》るべからず。予《よ》に於《お》いてか何《なん》ぞ誅《せ》めん。子曰《しい》はく、始《はじ》め吾人《われひと》に於《お》けるや、其《そ》の言《げん》を聴《き》きて其《そ》の行《こう》を信《しん》ず。今吾人《いまわれひと》に於《お》けるや、其《そ》の言《げん》を聴《き》きて其《そ》の行《こう》を観《み》る。予《よ》に於《お》いてか是《これ》を改《あらた》む。

【現代語訳】 宰予が昼間から（病気でもないのに）寝ていた。先生が言われた。「くさったぼろぼろの木には彫刻できない。ぼろぼろになった泥つちの塀には上塗《うわぬ》りはできない。宰予を叱ってなにになろうか。」（その後）先生はこう言われた。「今までわたしは人に対して、ことばを聞いて実行するものだと信じていた。これからは人に対して、ことばを聞いてから、行動をよく観察することにした。宰予のことをきっかけに改めることにした。」

【語釈】

○宰予＝孔子の弟子。姓は宰、名は予。
○昼寝＝昼間に怠けて寝ていた。
○朽木不可彫＝ぼろぼろの木には彫刻することができない。
○糞土之牆、不可杇＝土がぼろぼろになった塀には上塗りはできない。
○於予与何誅＝宰予を叱ってもしかたない。
○始吾於人也＝今までわたくしは人に対して。
○聴其言而信其行＝ことばを聞いて実行するものと信用

していた。

〇今吾於人也＝これからは人に対して。

〇聴其言而観其行＝ことばを聞いてから、行動をよく見ることにした。

〇於予与改是＝宰予のことをきっかけに改めることにする。

【解説】

この章は、古来から諸説があり『論語』における話題性に富む章である。宰予の「昼寝」に対して孔子が叱責したことに対して、次のような説がある。

一、宰予の怠情説。皇侃・朱子などの注釈に基づく説である。

二、宰予が「昼に寝《ねべや》に処《を》るとは、蓋《けだ》し言《い》ふべからざるもの有るならむ」（『論語徴』荻生徂徠）の「言ふべからざるもの」とは女性と寝ていたことをさすという女性同衾説。この風変りな説は、徂徠の独創ではなく、宋の劉敞の『七経小伝』や王楙の『野客叢書』にも述べられている。

三、宰予と孔子の思想対立説。貝塚説では、怠情説に「ちょっとした昼寝で、孔子からこんな目玉の飛び出るほど叱られたのはなぜか」と疑義を抱き、次のように述べている。

宰予は、孔子に三年の喪《も》は長すぎるといったり（陽貨篇第二十一章）して、孔子のご機嫌《きげん》を損じている。彼は合理主義というより、さらに実用主義的なところがあったので、孔子の伝統主義と正面から対立する。実用主義的な子貢も、実際には妥協的であったが、宰予は思想をそのままおし出した。これがふだんから孔子の癇《かん》にさわっていたのではなかろうか。宰予はこの意味において、孔子一門の異端思想の者であり、戦国時代の墨子《ぼくし》以後の実用主義の先駆者であったといえるだろう。（『論語』中公文庫）

また、「晝（昼）」は「畫（画）」の誤りで、寝室を装飾したとする梁の武帝や唐の韓愈の説がある。

孔子が人間観を変えるほど宰予の行動に不信感を抱いたことに対して『韓非子』顕学篇には、孔子が弟子を見る目がなかったとするとらえ方として、次のように述べている。

澹台子羽《たんだいしう》は君子の容なり。仲尼幾《み》て之を取る。与《とも》に処《を》ること久しくして、行なひ其の貌《かほ》に称《かな》はず。宰予の辞は雅にして文なり。仲尼幾《み》て之を取る。与に処ること久しくして、智其の弁に充《み》たず。故に曰く、容を以て人を取るは、之を子羽に失す。言を以て人を取るは、之を宰予に失す。

この「昼寝」に対して桑原武夫説では次のように主張する。「最高の人間観察家《モラリスト》であった孔子が、弟子の『昼寝』くらいで、人間への対処の仕方を以後改めるなどというのは、唐突すぎる。（中略）宰予がまた怠けて明るいうちから寝室にいる、処置なしだと嘆《なげ》いたのだと軽くよんでおきたい。」

一二　子貢曰《ハク》、夫子之文章《ハ》、可《キ》㆓得《テ》而聞《ク》㆒也。夫子之言《フハ》㆔性《ト》与《ヲ》㆓天道㆒、不《ル》㆑可《カラ》㆓得《テ》而聞《ク》㆒也已矣。

子貢《しこう》曰《い》はく、夫子《ふうし》の文章《ぶんしょう》は、得《え》て聞《き》くべきなり。夫子《ふうし》の性《せい》と天道《てんどう》とを言《い》ふは、得《え》て聞《き》くべからざるなり。

【現代語訳】　子貢が言った。「先生のよりどころとする古典の教養や文化についてのお考えを拝聴することができるが、先生の人間の本性と天の道理についてのお考えは拝聴することはできなかった。」

【語釈】

○夫子＝孔先生。

○文章＝孔子のよりどころとする古典の教養や文化。「文章」について桑原武夫氏は次のように解説する。

「文章」とは今日の私たちのつかう意味での文章、すなわち美的意図をもって書かれた記載言語を指すのではなく、礼楽文章すなわち『詩経』『書経』などの古典をよみ聞かせ、またそれを解釈するだけでなく、礼の行事や楽の演奏なども含め聴覚による文化の表現一般を指すもののようである。

○可得而聞也＝（語られることばを）拝聴することができる。

○性＝人間の本性。

○天道＝天の道理。宇宙の法則。「天道」について貝塚茂樹氏は次のように主張する。

天道は自然と人間社会の運行の法則性をさす。孔子は、運行に規則があることを意識していたが、それについて多くを語らなかった。（中略）とくに天道については、天道はかならずしも正義に与《くみ》しないし、不正義をも容認していること、つまり天道是《ぜ》か非《ひ》かについて、心の底でいつも問題にしていた。

【解説】

この章の「性や天道についての論争」について、木村英一氏は次のように孔子の生きた時代の特色について指摘する。

孔子の没後、戦国時代に入るにつれて次第におこり、諸子百家の間に盛行したが、孔子はまだそのことを論じていない。子貢のこの言葉は、孔子没後の学界に向って、在りし日の孔子を追想しながら学術の変遷を感じての発言であろう。

また孔子の学問について吉川幸次郎氏は「がんらい即物的であり、抽象的でも思弁的でもなかったと主張する学者たち、すなわち清朝の学者たちが、もっともしばしば引く章である」と述べる。

この「性と天道」について、孔子はその見解を述べなかったが、朱子の新注では「子貢は始めてこの重要な問題について聞くことができたと喜んだ」とする発言だという。つまり、初心者には話さないことを話してもらったとする。これに対して仁斎は「子貢の徳が聖人に及ばないので、孔子から性と天道について話してもらえなかった」という。

一三　子路有リテレ聞クコト、未ダレバ二之ヲ能ハ一レ行フコト、唯恐ルレ有ランコトヲレ聞ク。

子路《しろ》、聞《き》くこと有《あ》りて、未《いま》だ之《これ》を行《おこな》ふこと能《あた》はざれば、唯《ただ》聞《き》く有《あ》らんことを恐《おそ》る。

【現代語訳】子路《しろ》は、先生の教えを聞いて、まだ実行できない間は、別の教えを聞くことをひたすらこわがった。

【語釈】

○恐有聞＝次の教えを聞くのを恐れた。「この『恐れ』と言ったのは、他の門人が子路を見て、恐れていると言ったのか、本人自身が直接『恐ろしい』と言ったのか、わからないが、」と状況について述べつつ桑原武夫氏は「『恐』という強い言葉によって、子路の学問への純真な気持を的確にあらわしている。こういう言葉によって、子路は後世の読者の人気を博しているのだ」と指摘する。

【解説】

この章について子路に対して絶賛するプラスの評価や解説が多い。

貝塚説では子路を絶賛する意見を述べている。

言論よりも行動、理論よりは実践を重んじた門下で、この子路ほど教訓を実践にうつそうとひたむきに努力したものは少ない。孔子が子路を大好きだったのは、こういう美点があるからである。子路の人柄は、孔子でなくとも、だれでも好きにならずにはいられないだろう。

子路は孔子が、「由や、勇を好むこと我に過ぎたり」（公冶長篇）と述べているように、勇者であり、勇者であれば「勇者は懼れず」（子罕篇・憲問篇）で、「義を見て為さざるは勇なきなり」（為政篇）の人物である。木村説では「勇者であった子路は、正義を実行することの困難などは恐れなかった筈である」と述べ、さらに「『唯おそれた』ことは、聞いた教えが実行されぬままになってしまうことだけであろう。だから彼は、聞いたことはすぐ実行することに力《つと》めたのであって、『子路宿諾《しゅくだく》なし』（顔淵篇）がそれである」という子路の人物造型は的確な指摘である。子路は承諾したことは必ず実践するという実行力をもっていた人物であり、中島敦の『弟子』で、子路が死に際に切られ冠が落ちる。その冠を拾い「正しく頭に着けて素早く纓《えい》を結んだ」とする小説の描写にみごとに合致する。

二一

子、在《リテ》レ陳《ニ》曰《ハク》、帰《ラン》与帰《ラン》与。吾《ガ》党之小子、狂簡、斐然《トシテ》成《ス》レ章《ヲ》。不レ知《ラ》レ所ニ以《ヲ》裁《スル》一レ之《ヲ》。

子《し》、陳《ちん》に在《あ》りて曰《い》はく、帰《かへ》らんか、帰《かへ》らんか。吾《わ》が党《たう》の小子《せうし》、狂簡《きやうかん》、斐然《ひぜん》として章《しやう》を成《な》す。之《これ》を裁《さい》する所以《ゆゑん》を知《し》らず。

【現代語訳】 孔先生が陳に居られたとき、こう言われた。「帰ろうよ。帰ろうよ。わがふるさとにいる若者たちは、志だけは途方もなく大きく、（織物にたとえれば）見た目にも美しい模様を織りなしている。どう裁断してよいかわからないでいる。（帰って指導してやらねばならない。）」

【語釈】

○陳＝現在の河南省南部にあった小国。
○帰与帰与＝さあ帰ろう、帰ろうよ。
○吾党之小子＝吾が郷里にいる若者たち。「小子」を門人とする説もある。
○狂簡＝志ばかりは途方もなく大きい。
○斐然成章＝見た目も美しい模様を織りなしている。
○不知所以裁之＝仕立てる方法がわからないでいた。

【解説】

孔子は五十六歳のとき、魯の執政の位を去り、六十九歳で故国に帰るまで、諸国を遍歴し、陳には二度滞在している。

この孔子の言葉を陳蔡の間で危難にあった前四八九年（六十四歳）の時であったとする説と、孔子が故国に帰る前年の前四八四年（六十八歳）の時という二説があるが、帰国を決意する言葉だとすると、後者のときとするのが適切である。つまり、孔子の人生において、重大な転機とする仁斎の説が納得される。「夫子当初天下を周遊して以て道を行はんと欲す。ここに至りてその遂に行はれざるを知る。故に後学を成就して以て道を来世に詔《つ》げんと欲す。然れども中行の士は必ずしも得べからず。而して吾が党の小子は志大にして事に略なり。与《とも》に道に進むべしと雖も、しかも其の中正を過ぎんことを恐る。

ここに於て魯に帰りてこれを裁せんと欲す。これ教法の始めて立つゆゑんなり。」

仁斎によれば若い頃、諸国遍歴の旅に出た当初は孔子自ら政治実践をして「道」のある国を創造することを理想としていた。しかし、天下を遍歴してみて、「道」の実現が生きている間にできない時代だと察し、後世に望みをたくす。魯の国にいる時には気がつかなかった魯の若者や門人たちの優れた才能に気づき、故郷の若者を教育し、孔子の理想とする時代をまつという「人を遺す」ことに大転換した言葉だとする。『論語』が時代を超えて読みつがれるのは、このような孔子の情熱が人々に伝わってくるからである。

二五

顔淵季路侍《ス》。子曰《ハク》、盍《ゾ》《ル》三各《ゝ》言《ハ》二爾《ノ》志《ヲ》一。子路曰《ハク》、願《ハクハ》車馬衣軽裘、与二朋友一共《ニシ》、敝《ルトモ》レ之《ヲ》而無《カラン》レ憾。顔淵曰《ハク》、願《ハクハ》無《ク》レ伐《ルコト》レ善《ニ》、無《カラン》レ施《スコト》レ労《ヲ》。子路曰《ハク》、願《ハクハ》聞《カン》二子之志《ヲ》一。子曰《ハク》、老者《ハ》安《ンジ》レ之《ヲ》、朋友《ハ》信《ジ》レ之《ヲ》、少者《ハ》懐《ケン》レ之《ヲ》。

顔淵《がんゑん》・季路《きろ》侍《じ》す。子曰《しい》はく、盍《なん》ぞ各々《おのおの》爾《なんぢ》の志《こころざし》を言《い》はざる。子路《しろ》曰《い》はく、願《ねが》はくは車馬《しやば》衣軽裘《いけいきう》、朋友《ほういう》と共《とも》にし、之《これ》を敝《やぶ》るとも憾《うらみ》無《な》からん。顔淵《がんゑん》曰《い》はく、願《ねが》はくは善《ぜん》に伐《ほこ》ること無《な》く、労《らう》を施《ほどこ》すこと無《な》からん。子路《しろ》曰《い》はく、願《ねが》はくは子《し》の志《こころざし》を聞《き》かん。子曰《しい》はく、老者《らうしや》は之《これ》を安《やす》んじ、朋友《ほういう》は之《これ》を信《しん》じ、少者《せうしや》は之《これ》を懐《なつ》けん。

【現代語訳】 顔淵と子路が先生のおそばについていた。先生が言われた。「どうだおまえたちの希望を言ってみないか。」子路がまず口をきって言った。「車や馬、上等な衣服を友人と共用して、ぼろぼろになるまで使い、惜しいと思わない。（そのような生活がしてみたいです。）」顔淵が言った。「善いことをしても鼻にかけず、つらいことを人におしつけない。（そのような心がけをのぞんでいます。）」子路が「どうか先生の希望をお聞かせください。」先生が言われた。「老人には安心され、友だちには信ぜられ、若者には慕われたい。」

【語釈】

○顔淵＝姓は顔、名は回。字は子淵。孔子より三十歳年少。門弟中孔子が最も将来を期待した弟子。孔子より先に没し、孔子を慨嘆させた。

○季路＝姓は仲、名は由《ゆう》。字は子路または季路。孔子より九歳年少。軽率で粗暴な欠点をもつ反面、明朗で実直、人の好さを備えている。

○侍＝孔子のお傍についていた。

○盍各言爾志＝おまえたちの希望を言ってみないか。

○車馬衣軽裘＝車や馬、上等な着物や毛皮。

○与朋友共　敝之而無憾＝友だちと共用して、ぼろぼろになるまで使い惜しいと思わない。

○無伐善＝善いことを自慢にしない。

○無施労＝つらいことを人におしつけない。古注の「苦労をおしつけない」の解釈をとる。新注では「労に施《ほこ》ることなからん」と読み、「自分の功績や功労を自慢しない」の意味にする。

○老者安之　朋友信之　少者懐之＝老人には安心され、友だちには信ぜられ、若者には慕われたい。

【解説】

孔子に希望や望みを聞かれて間髪を入れず返事をしている子路には、彼の性格であるやや思慮に欠けるところがあるが即断即決する人格が表われている。その希望も現代生活にあてはめてみると、高級車・高級電化製品・住宅・衣服を友だちと共有して、こわれるまで使い、くよくよしないという共同生活を理想とする。古語に「友人は財を通ずるの義あり」とする厚い友情をあらわすことばがあり、それをすぐに実行しようとするところがある。

顔回の希望については諸説があるが、謙虚な人柄、対人関係における模範的な回答、あるいは道徳堅固等可もなく不可もない顔回らしさが表われているとする。

孔子の抱負について仁斎は「老人は志が衰えてくるので、気持ちが穏やかになるよう、心配事のないようにつとめる。友人は離れやすいものであるので、信頼感がもてるようにつきあい、若者は年長者や目上の人を畏れるので親しみやすいように接する」と述べている。

つまり、世代間ギャップの克服を主張している。吉田賢抗氏は次のように、孔子の言葉を評価する。「人類の平和はこれ以外にはない。老人が安んじて余世を送り、友人が信頼し合い、年少の者が年上の人になつき親しんで可愛がってもらえたら、これこそ理想の社会で、礼楽の教えもこれに尽き、倫理の論もこれに外ならない。」

二七　子曰《ハク》、十室之邑、必《ズ》有《ラン》二忠信、如《キ》レ丘《ガ》者一焉。不《ル》レ如《カ》二丘之好《ムニ》レ学《ヲ》也。

子《し》曰《い》はく、十室《じつしつ》の邑《いふ》、必《かなら》ず忠信《ちゆうしん》、丘《きう》が如《ごと》き者《もの》有《あ》らん。丘《きう》の学《がく》を好《この》むに如《し》かざるなり。

【現代語訳】 先生が言われた。「十軒の村里には、きっと私ぐらいの誠実で、信義に篤い人はいるだろう。けれど、学問好きなことではわたしに及ぶものはいないだろう。」

【語釈】

○十室之邑＝十軒の村里。

○必有忠信如丘者焉＝きっと私ぐらいの誠実で信義の篤い人はいるだろう。

○不如丘之好学也＝しかし、学問好きなことではわたしには及ばない。

【参考】

荻生徂徠が独自な読み方をしている。このことについて桑原説で次のように解説をする。

ただこの章には徂徠が、北宋の邢昺《けいへい》の疏《そ》にもとづいてたてた別のよみがある。『焉』の字を下へつけて、『焉《いず》くんぞ丘の学を好むが如《ごと》くならざらん』とよむのである。文法上そう切ることができるとすれば、まったく別の意味になる。学問は人間がすべてなしうる、またなすことを好む営みである。どこにもちゃんとした人間はいるはずだが、そういう人々はきっとこの私と同様に学問を好むはずだ、とよむのである。これは真理は万人のものであり、なんびとも学問をすべきである、という現代の思想に近くなる。

そして、吉川幸次郎氏は次のように、顧炎武の説を用いて、孔子の人物像について主張する。

清の顧炎武《こえんぶ》はいう、『論語』二十篇のうち、この公治長篇は、いろいろと古今の人物を評論したものであるが、かく他人を評論した最後が、『已んぬるかな、吾れ未だ能く其の過ちを見て、而も内に自ずから訟《せ》むる者を見ざる也』であるのは、他人に対する批評は、自己への反省のためであることを示しており、さらにそれにかぶせて、『十室の邑、必ず忠信丘の如き者有らん、丘の学を好むに如かざる也』というのは、真に学を好む者にして、自分の過ちを発見し得ることを暗示するとする（「亭林文集」巻四、「人に与うる書」の十四）。

【解説】

この章について吉川幸次郎氏はとりわけ思いいれ深く、次のような意見をもっている。

この条は、私の甚しく好む条である。また甚しく重要と考える条である。拙著「中国の知恵」でこの条について述べた言葉を、そのまま引かせてもらう。

「おおむねの中学校の教科書にも取られたこの有名な言葉は、私が孔子の教えの又一つの特殊さとしてあげるものを、よく現している。

すなわち孔子によれば、素朴なひたむきな誠実、それだけでは完全な人間でないのである。学問をすることによって、人間ははじめて人間である。人間の任務は、「仁」すなわち愛情の拡充にある。また人間はみなその可能性をもっている。しかしそれは学問の鍛錬によってこそ完成される。愛情は盲目であってはならない。人間は愛情の動物であり、その拡充が人間の使命であり、また法則であるということを、たしかに把握するためには、まず人間の事実について、多くを知らなければならない」(「中国の知恵」第五章、選集五巻)。

この吉川氏のことばは『論語』は「学に始まり学に終わる」という本質を述べている。

雍也篇

雍也篇は二十八章から成っている。弟子の冉雍（字は仲弓）の名をよび「雍也南面せしむべし」という賛辞のはじめの二字をとって篇名としている。朱子の注によれば、前篇の公治長篇と同じように、雍也篇の前半十四章では同時代の人物について論じているので、公冶長篇の続篇のような性格をもっている。このことについて貝塚茂樹氏は「おそらく竹簡や木簡の巻物は長さが制限されているので、一篇に収めきれなかったのが、この篇の前半となったのであろう」と述べている。前半に登場する弟子は、冉雍・顔淵・公西華・冉求・原思・子路・子貢・閔子騫・冉伯牛・子夏・子游・澹台滅明等の十二名。孔門十哲について、宰我を除く九名の弟子が登場している。弟子以外では哀公・季康子・季氏・孟子反・祝鮀・宋朝が登場している。すべて孔子と同時代の人である。とくに四科の徳行に挙げられている顔淵の好学・冉雍の優れた才能と徳、冉伯牛の悪疾・閔子騫の清廉潔白さが強調されている。後半の十四章は第二十二章が「斉一変、至於魯。魯一変、至於道」と会話文でない章である以外、すべて会話文である。第二十章が樊遅、第二十四章が宰我、第二十八章が子貢との問答、第二十六章が衛の南子と会見したことを子路が非難したことに対して孔子が弁明する会話となっている。それ以外の九章は、すべて「子曰、」ではじまる章である。後半の章句には、『論語』の中で名言と言われる「文質彬彬として然る後に君子なり」「之を知る者は之を好む者に如かず」「知者は水を楽しみ、仁者は山を楽しむ」「中庸の徳たるや、それ至れるかな」等がある。貝塚説では「後半には、仁の徳を中心とした学問論・人生論を述べた章が多い。幸徳論のうえに立った孔子の晩年のもっとも円熟した思想があらわれている」と述べている。

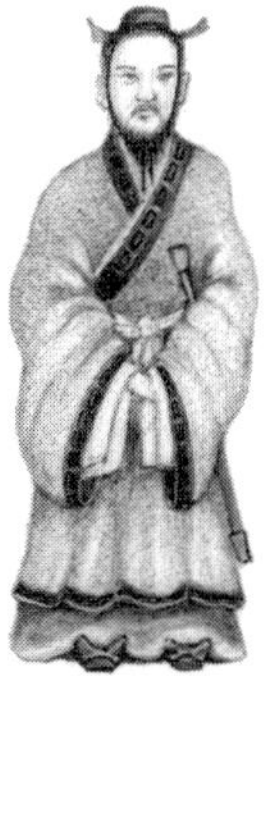

二

哀公問フ、弟子、孰カ為スレ好ムトレ学ヲ。孔子対ヘテ曰ハク、有リ二顔回ナル者一、好ムレ学ヲ。不レ遷サレ怒リヲ、不レ弐ビセレ過チヲ。不幸、短命ニシテ死セリ矣。今也則チ亡シ。未ダレ聞カ二好ムレ学ヲ者ヲ一也。

哀公《あいこう》問《と》ふ、弟子《ていし》、孰《たれ》か学《がく》を好《この》むと為《な》す。孔子《こうし》対《こた》へて曰《い》はく、顔回《がんくわい》なる者《もの》あり、学《がく》を好《この》む。怒《いか》りを遷《うつ》さず、過《あやま》ちを弐《ふたた》びせず。不幸《ふかう》、短命《たんめい》にして死《し》せり。今《いま》や則《すなは》ち亡《な》し。未《いま》だ学《がく》を好《この》む者《もの》を聞《き》かざるなり。

【現代語訳】 魯の哀公が尋ねられた。「弟子たちの中で、だれが学問好きですか。」孔子がそれに答えて言われた。「顔回という弟子がおりました。学問好きで、怒りにまかせやつあたりすることがなく、同じ過ちを二度とくり返しませんでした。残念なことに、不幸にも短命で、この世に生きておりません。私は今までに顔回のほかに学問を好む者について耳にしていません。」

【語釈】

○哀公＝魯の君主。

○弟子孰為好学＝弟子たちの中で、だれが学問好きですか。

○不遷怒＝怒りにまかせて人にやつあたりすることはない。

○不弐過＝同じ過ちを二度とくり返さない。古注では、正当な理由があれば怒りはするが、その怒りの方向をあやまらなかったとする。

○不幸短命死矣＝不幸にも短命で亡くなりました。

○未聞好学者也＝ほかに学問を好む者のことは耳にしません。

【解説】

顔回の死については、従来孔子が六十一歳、顔回が三十一歳で死んだとする説があったが、この年齢では孔子が諸国遍歴の旅の途中、異郷で死んだことになる。晩年に孔子は魯に帰り、つぎつぎと不幸に見舞われる。孔子七十一歳の時、顔回四十一歳で死んだとする説が妥当と思われる。それは、先進篇で「顔淵死す」という章が四章続くが、その冒頭の章に顔回の父顔路が「子の車を以て之が椁《かく》を為《つく》らんと請《こ》ふ」と孔子にお願いをしている。その時に、孔子は七十一歳で、すでにわが子孔鯉に先立たれ、「棺ありて椁《かく》なし」と外棺をつくってやれなかったと述べ、馬車を売り払って顔回の外棺の費用にしないことを断わっている。

　なぜ『論語』で四章も連続して「顔淵死す」の章があるのか。晩年の孔子にとって没後の将来、自分が果たせなかった夢を託することができるのは、顔回であるという期待の星であったからである。顔回の死は希望の喪失であった。「顔淵死す。子之を哭して慟す。」（先進篇）と大地にひれ伏し、慟哭するのである。

　ところで、「弟子孰か学を好むと為す」という内容の章が先進篇にもあるが、問いかけているのは哀公ではなく、季康子になっている。問いかけが哀公か季康子かによってとらえ方が違ってくる。『論語』に掲載される孔子と哀公、孔子と季康子の会話を考えてみると、季康子はもっぱら「政」について孔子に尋ねている。哀公は弟子の宰我や有若に質問したり会話する章があり、弟子への関心という内容からすれば、哀公の問いが妥当と思われる。

四

子、謂《ヒテ》二仲弓《ヲ》一曰《ハク》、犂牛之子、騂《クシテ》且《ツ》角《アラバ》、雖《モ》レ欲《スト》レ勿《カラント》レ用《フルコト》、山川其《レ》舍《テンヤ》レ諸《ヲ》。

子《し》、仲弓《ちゆうきゆう》を謂《い》ひて曰《い》はく、犂牛《りぎう》の子《こ》、騂《あか》くして且《か》つ角《つの》あらば、用《もち》ふること勿《な》からんと欲《ほつ》すと雖《いへど》も、山川《さんせん》其《そ》れ諸《これ》を舎《す》てんや。

【現代語訳】 先生が仲弓について言われた。「まだら牛の子であっても毛並みが赤く、形がととのった角《つの》をもっているものがいる。このような牛は祭りの犠牲にも使えないと人がほっておいても、山と川の神がほっておくようなことはない。」

【語釈】

○仲弓＝孔子の弟子。姓は冉《ぜん》、名は雍《よう》。字は仲弓。

○犂牛之子＝まだら牛の子。毛なみのよくない牛の子の意から転じて、生育環境に恵まれないで育った子供の意に用いる。『論語義疏』では「耕牛」として、まだら毛の評価の低い牛とはしていない。

○騂且角＝毛並みが赤く、形のととのった角。

○雖欲勿用、山川其舎諸＝人間が祭りの犠牲に用いないでおこうと思っても、山と川の神が放っておこうか。

【補説】

子謂仲弓について、次のような二つのとらえ方がある。

一、子謂《ヒテ》二仲弓《ニ》一曰《ク》……目の前で仲弓に向って言った激励のことば。

二、子謂《ヒテ》二仲弓《ヲ》一曰《ク》……仲弓に対する孔子の評価のことば。

【解説】

「仲弓」は孔門十哲の一人で「徳行」に優れた弟子である。この雍也篇の冒頭に、「雍《よう》や南面せしむべし」と政治的リーダーとして指導力を発揮することのできる才能をもっていた人物だと言われる。しかし、出身が当時の社会で低い階層で、さらに父親が行状がよくなかったと言われ、不利な環境で、思うように能力を発揮することができなかった。

孔子は人間の評価を、出身や階層で判断すべきではないとする当時としては革新的な人間観をもっていた。仲弓は徳行と政治的実践力の才能に恵まれた弟子であり、牛にたとえて彼を評価したのである。
「犂牛の子」というのは、貴族階級ではなく、階層的に恵まれていない出身の子ども。つまり普通の牛で、山川の神にささげられる犠牲用の牛とは異なる。けれど「騂《せい》」（赤色）で立派な毛並みと「角《かく》」（立派なつの）をもっていれば牛としては最大の名誉である祭祀用の牛として認められる。牛を用いた比喩について、吉川説では「毛並みのおとる人間でも、才能あるものは、必ず認められるというのである。孔子の教えは、あくまでも自力本願である点が、人々に希望と激励をあたえるのであるが、この条はなかでも殊に力強い。」と高く評価する。「山川のほうでほっておかないだろう」については桑原説で、「孔子は仲弓がすでに季氏の宰（地頭）というかなりの地位についていることを知ったうえで、これを援護したのであろう」と独自の説を提起する。

五　子曰ハク、回也其ノ心三月不レ違ハレ仁ニ。其ノ余ハ則チ日ニ月ニ至ル焉而已矣。

子《し》曰《い》はく、回《くわい》や其《そ》の心三月仁《こころさんげつじん》に違《たが》はず。其《そ》の余《よ》は則《すなは》ち日《ひ》に月《つき》に至《いた》るのみ。

【現代語訳】 先生が言われた。「顔回は、その心が三月の間も仁から離れない。ほかの者たちは、日に一度月に一度、仁まで至ったかと思うと、すぐだめになってしまう。」

【語釈】
○其余＝顔淵以外の弟子とするのが通説であるが、伊藤仁斎は仁以外の徳とする。

【解説】

この章に関して、顔回に対する教訓とする解釈と顔回に対する評価とする解釈があるが、顔回に対する評価とする解釈が通説となっている。

古注・新注では「顔回は（春・夏・秋・冬の四時の中の一時期は）心を仁に専念して実践できるが、その他の弟子たちは短いものは一日、長いもので一月位しかもたないだろう」と顔回の卓越した能力の評価とする。

これに対して仁斎は「顔回よ、三月仁から去らずにいたら、その他の文学や政事は一日か一ヶ月のうちに到達できるだろう」ととらえる。徂徠はそれを発展させ、「顔回よ、三ヶ月間心を仁に傾けて決して忘れるな。心を仁から遠ざけなければ、あとの諸道徳は、すぐ到達できるはずだから」と顔回に対する教訓とする。

八　伯牛、有《リ》レ疾。子、問《フ》レ之《ヲ》。自《リ》レ牖執《リテ》二其《ノ》手《ヲ》一曰《ハク》、亡《カラン》レ之。命《ナル》矣夫。斯《ノ》人《ニシテ》也而有《リ》二斯《ノ》疾一也、斯《ノ》人《ニシテ》也而有《リ》二斯疾一也。

伯牛《はくぎう》、疾《やまひ》あり。子《し》、之《これ》を問《と》ふ。牖《まど》より其《そ》の手《て》を執《と》りて曰《い》はく、之《これ》亡《な》からん。命《めい》なるかな。斯《こ》の人《ひと》にして斯《こ》の疾《やまひ》あり、斯《こ》の人《ひと》にして斯《こ》の疾《やまひ》あり。

【現代語訳】　弟子の伯牛が重い病気にかかっていた。先生は伯牛のお見舞いに伯牛の家に出かけられた。先生は窓ごしに伯牛の手をとりながら、言われた。「こんな道理があるはずはない。運命というものか。これほど徳にすぐれたものが、このような病気にかかろうとは。」

【語釈】

○伯牛＝孔子の弟子。姓は冉《ぜん》、名は耕。字は伯牛。
○有疾＝ハンセン氏病にかかったと伝えられている。
○自牖執其手＝窓ごしに孔子は伯牛の手をとりながら。
○亡之＝こんな道理があるはずはない。
○命矣夫＝運命というものか。
○斯人也而有斯疾也＝これほどの徳のすぐれた人がこのような病気にかかろうとは。

【解説】

この章について、文学作品にとりあげられ、人間孔子の仁に基づく人間らしい生き方として描写されている。とくに下村湖人『論語物語』（講談社学術文庫）『伯牛疾あり』では悪疾に苦しむ伯牛が孔子が見舞いにもきてくれないことに、師の薄情を感じていたが、孔子が訪れたことで、伯牛の心が変化したようすを次のように記している。

孔子は、そういって、伯牛の手を放すと、しずかに歩《ほ》を移して門外《もんがい》に出た。そして、いくたびか従者《じゆうしや》をかえりみて嘆息《たんそく》した。

「天命《てんめい》じゃ。天命じゃ。しかし、あれほどの人物が、こんな病気にかかるとは、なんというむごたらしいことだろう」

伯牛《はくぎゆう》が、雨にぬれた毒茸《どくきのこ》のような顔を、そっと夜着《よぎ》から出したのは、それから小半時《こはんとき》もたってからのことであった。彼は、全身ににじんだ汗《あせ》を、用心深くふきとりながら、臥床《ねどこ》の上にすわった。悔恨《かいこん》の心の底に、なにかしら、すがすがしいものが流れているのを、彼は感じていた。

「朝に道を聞けば、夕《ゆう》べに死んでも悔《く》いはない」といった、かつての孔子の意義ふかい言葉がしみじみと思い出された。

（永遠は現在の一瞬にある。刻下《こつか》に道に生きる心こそ、生死《せいし》を乗りこえて永遠に生きる心なのだ）

彼はそう思った。

（天命、――そうだ。いっさいは天命だ。病《や》める者も、健《すこ》やかなる者も、おしなべて一つの大いなる天命に抱《いだ》かれて生きている。天は全一《ぜんいつ》だ。天の心には自他《じた》の区別はない。いわんや悪意《あくい》をやだ。天はただその歩《あゆ》むべき道をひたすらに歩むのだ。そして、この天命を深くかみしめる者のみが、刻下《こくか》に道に生きることができるのだ）

彼は孔子《こうし》の心を、今こそはっきりと知ることができた。そして、さっき孔子に握《にぎ》りしめられた自分の手を、いつまでもいつまでも、見つめていた。

彼の心は無限に静かで、明るかった。彼にはもう、自分の肉体の醜《みにく》さを恥《は》じる気持ちなど、微塵《みじん》も残っていなかった。彼は、いつ死んでもいいような気にすらなって、恍惚《こうこつ》として褥《しとね》の上にすわっていた。

さらに高橋和巳は「論語――私の古典」（『高橋和巳全集 第十二巻』河出書房新社）では論語に対する激しい憎悪から高橋の古典となった、いきさつが記されている。

韋編三絶という言葉がある。

孔子は晩年『易』を好み、何度もそれをくりかえして読んだことによって、竹簡を綴じてあったなめし皮の紐が三度もきれたというのである。

私は数種の『論語』の注釈書を持っているが、大学時代最初に買った岩波文庫本は、装幀がぼろぼろになってしまっている。ただし、それは反復熟読したことによってそうなったのではない。精神的に鬱屈していた青年期、自己抑制がきかず、読んでいてむかっと腹を立て、下宿の壁にむけてその書物を投げつけたからである。

（中略）

美的感動の伴わないいかなる道徳訓も無力である。ヴィヴィッドな人間のイメージを喚起しないいかなる処世訓も無意味である。『史記』の「孔子世家」や「孔子弟子列伝」には人間が生きており、美的感動があった。また『論語』自体の中にも実はそれが認められているのである。

たとえば弟子の冉耕《ぜんこう》に関する次のような短い孔子の言説がある。

冉耕は字は伯牛、孔子は彼を徳行ある人物として認めていたが、伯牛は悪い病、すなわちハンセン氏病を病んでいた。孔子はある時見舞いにいって、窓から彼の手をとって言った。

「命なるかな。この人にしてこの疾あり。命なるかな」と。

言葉はこれだけである。冉耕なる人物について伝わっていることも、たったこれだけのことにすぎない。そしてこの孔子の発言は単に暗記するだけでは何の意味もない。いや、暗記しておいて、徳行ありながら悪疾に悩む人に対してその言葉を引用する衒学の材料にはなるかもしれない。しかし、肝要なことは言葉そのものにはない。むしろ、その簡単な発言の背後に横たわっている広渺たる沈黙の世界の側にある。言葉は、複雑な人間関係の、無限にひろがる感情の一つのシンボルとしてはじめて、感動的な意味をもつ。

孔子のころの家屋の構造を私は知らない。宮殿の遺跡の片鱗は残っていても、特別な官位もなかった一弟子冉耕が住んでいた家がどんなだったか、いま知るすべもない。しかしそれは想像することができる。おそらくは陋巷の土で作られた狭い家。しかもハンセン氏病を病んで薄暗い一室にとじこもっていたのであろう。孔子がわざわざ、あるいは何かの所用のついでに、その家に立ちよる。だがおそらくは容姿もくずれて正常な師弟の対面もできず、ハンセン氏病に関する医学知識はどれだけあったのかはわからぬながら、自らも諱んで冉耕は壁ごしに孔子と語らったのであろう。そしておそらくは別れぎわ、孔子は窓から……その窓もおそらく小さな明りとりにすぎない窓から手をさしのべる。冉耕はたぶん涙しながら、合掌するように孔子の手を両手ではさむようにしたであろう。孔子は少し顔をそむけるようにして、つき従った弟子にむけて低い声で呟いたにちがいない。

「運命というものか。それほどの人に、こうした病気があるとは。運命というものか」と。

わずかながらも、イマジネイションによって言語の背後にある沈黙の世界を補うとき、そのあまりにも簡単な言葉が、この人間世界のいかんともしがたい〈不条理〉に対する、いかんともしがたい歎息であったことが解ってくる。汲々として徳行にはげみ、そしてなんら酬われることなく業病に倒れていく人間存在。あくまで現実的な思想家である孔子は、神にすがれともいわず、天の道があやまっていると怒りもしない。しかし、激烈な言葉を吐くことなく、ただ歎息したにすぎぬことが、また孔子という人間存在の偉さを物語る。感動がじわじわと胸をつき、こうでしかあり得ない人間と人間との交わりの姿が、時空を超えてよみがえる。このようにして、私にはある時期に、はっと『論語』がわかったのだった。

（病名について、高橋和巳が用いていないが、現在では使用が望ましくないとするものがあり、書きかえて用いた。）

九 子曰《ハク》、賢《ナル》哉回也《ヤ》、一箪《ノ》食、一瓢《ノ》飲、在《リ》二陋巷《ニ》一人《ハ》不レ堪《ヘ》二其《ノ》憂《ヒニ》一、回也《ヤ》不レ改《メ》二其《ノ》楽《シミヲ》一。賢《ナル》哉回也。

子《し》曰《い》はく、賢《けん》なるかな回《くわい》や、一箪《いったん》の食《し》、一瓢《いっぺう》の飲《いん》、陋巷《ろうかう》に在《あ》り。人《ひと》は其《そ》の憂《うれ》ひに堪《た》へず、回《くわい》や其《そ》の楽《たの》しみを改《あらた》めず。賢《けん》なるかな回《くわい》や。

【現代語訳】 先生が言われた。「賢いことだ顔回は。一椀の飯に一椀の汁で、路地裏に住んでいる。ふつうの人はその憂《う》さに耐えられないが、顔回はそんな生活の中にも学ぶ楽しさを忘れていない。賢いことだ顔回は。」

【語釈】

○一箪食＝箪は竹製の弁当箱。食は「し」と読み、ご飯。めし。

○一瓢飲＝ひょうたんを割って作った椀《わん》一ぱいの飲みもの。

○陋巷＝貧しい人々が住む住宅街。狭い路地《ろじ》の奥のみすぼらしい家。

【解説】

顔回の好学をほめた言葉で、とくに「其の楽しみを改めず」という表現に、孔子は常日頃の過し方を観察し、学問精進を顔回の特性として挙げている。

経済的に余裕のなかったことは、顔回が死んだとき、父であり、そして孔子の弟子であった顔路が、先生の馬車を売って葬儀のための椁《かく》（外棺）にして欲しいと申し出ていることからもわかる。顔回は仕官の志をたち、清貧に甘んじて学問に専心していた。

このような態度、富貴栄達を求めない処世観が、道家の人々が『荘子』の大宗師篇の「坐忘」寓話のように孔子より顔回を道家的な思想に優れていると評価する点であろう。

十

冉求曰ハク、非ズレ不ルニハレ説バ二子之道ヲ一、力不レバレ足ラ也。子曰ハク、力不ルレ足ラ者ハ中道ニシテ而廃ス。今女ハ画レリ。

冉求《ぜんきゅう》曰《い》はく、子《し》の道《みち》を説《よろこ》ばざるには非《あら》ず、力《ちから》足《た》らざればなり。子曰《しい》はく、力《ちから》足《た》らざる者《もの》は中道《ちゅうどう》にして廃《はい》す。今女《いまなんぢ》は画《かぎ》れり。

【現代語訳】 冉求が言った。「先生の教えやお話がありがたくないわけではありませんが、私の実行がともなわないのは、力が足りないのです。」孔子がこれを戒めて「力が足りないものは途中で止めてしまうだろう。今おまえの場合にははじめから自分の力に見きりをつけているのだ。」と言われた。

【語釈】

○冉求＝姓は冉、名は求。字は子有。二十九歳年少。十哲のうち政事に優れるという。

○説＝悦と同じ。よろこぶの意。

○女画＝「女」は汝に同じ。「画」は自分で力の限界に見きりをつけていること。

【解説】

冉有は十哲の「政事」に優れた能力をもつと評価されている。この章において「冉有」と言わずに、「冉求」と名を呼びすてにされているのは軽んじられていることを表わしている。冉有は孔子の晩年に季氏の宰となり、季氏のために人民から多く税をとりたてて、季氏は周公よりも裕福になっていた。そのために孔子は冉有を通じて、重税の撤廃をさせようとした。けれど冉有は孔子の忠告を聞き入れなかった。そこで、孔子は「吾が徒に非ざるなり（我々の仲間ではない）」（先進篇）と破門宣言するほど激怒したのである。この冉有への怒りの言葉とあわせて考えると、孔子に叱責されているとも考えられる。冉有は優柔不断な、そして自己の主張を明確に季氏に伝えることのできない、消極的な性格のもち主であった。冉有個人に関わることであれば、このような孔子の激しい怒りを買うようなことはないのであるが、多くの人民の貧困の苦しみをまねくような重税政策を行うことに対して冉有は暴君の苛政に加担するものとして、師として許すべからざる大悪人だと激怒するのである。

十一

子、謂《ヒテ》二子夏《ニ》一曰《ハク》、女、為《レ》二君子《ノ》儒《ト》一。無《カレ》レ為《ル》二小人《ノ》儒《ト》一。

子《し》、子夏《しか》に謂《い》ひて曰《い》はく、女《なんぢ》、君子《くんし》の儒《じゆ》と為《な》れ。小人《せうじん》の儒《じゆ》と為《な》る無《な》かれ。

【現代語訳】 孔子が子夏に向って言われた。「おまえは、君子らしい堂々とした学者になってくれ。小人のようなこせこせした学者になってくれるな。」

【語釈】

○子夏＝姓は卜《ぼく》。名は商、字は子夏。四十四歳年少。

○君子儒、小人儒＝古注の孔安国の説に「君子にして儒と為るは、将《まさ》に以て道を明らかにせんとするなり。小人にして儒と為るは、則ち其の名を矜《ほこ》るのみ」とあり、吉川幸次郎氏は、「君子を道徳ある紳士の意味とし、小人をその反対概念とする」ととらえている。

木村英一氏は「君子の儒は君子の学の研究対象とすべき礼教文化の伝承者であり、小人の儒は巷間の葬儀屋のような儀礼の職人もあったのであろう」と解釈する。「儒」について朱子は学者の称とする。これに対して白川静氏は古代以来の巫史や喪祝の諸職の行った古い儀礼を伝承する人々から出た知識人とする。

【解説】

子夏は十哲の「文学」に優れたと評価された弟子である。「洒掃《さいそう》応対進退に当たりては則ち可なり。抑々《そもそも》末なり」(子張篇)と行儀作法の末節にこだわり、根本的理解に欠ける点を子游に批判されている。この批判を貝塚氏は「孔子の子夏に対する教訓は、この弱点を見抜いて批判している」と賛同する。それに対して桑原氏は「子夏の門人たちは掃除や応対、儀式などは上手だが、根本的なところは何もないと評されていたので、孔子のこの発言があったというのはうがちすぎた説だ」と述べ、さらに「私はここは視野広く、大問題をみずから考えうる学者になって、既成の諸学説のブローカーにすぎぬような学者になるな」という意味を「君子の儒・小人の孺」の今日的見解として示している。現代社会における「儒」のとらえ方として、従来の説とは、かなりかけはなれた解釈であるが、今日的な切りこみの視点としては、説得力のある説である。

十二　子游、為《ル》二武城《ノ》宰《ト》一。子曰《ハク》、女、得《タル》レ人《ヲ》焉耳乎。曰《ハク》、有《リ》二澹台滅明《ナル》者一、行《クニ》不レ由《ラ》レ径《ニ》、非《ザレバ》二公事《ニ》一未《ダ》三嘗《テ》至《ラ》二於偃之室《ニ》一也。

子游《しいう》、武城《ぶじやう》の宰《さい》と為《な》る。子曰《しい》はく、女《なんぢ》、人《ひと》を得《え》たるか。曰《い》はく、澹台滅明《たんだいめつめい》なる者《もの》あり、行《い》くに径《こみち》に由《よ》らず、公事《こうじ》に非《あら》ざれば未《いま》だ嘗《かつ》て偃《えん》の室《しつ》に至《いた》らざるなり。

【現代語訳】　弟子の子遊が武城の町の長官となった。（孔子は弟子の子遊の視察に出かけた。）その時、先生が言われた。おまえは武城の町で、すぐれた人物を見つけたか。」子遊が答えて言った。「澹台滅明という人物は往来を行くにも近道をせず公務でないかぎり私の部屋にやってきません。」

【語釈】

○子遊＝孔子の弟子。姓は言《げん》、名は偃《うん》、字は子遊。四十五歳年少。

○武城宰＝魯の国の要衝の地の長官。

○女得人焉耳乎＝おまえはすぐれた人物を見つけたか。

○澹台滅明＝姓は澹台、名は滅明、字は子羽。

○行不由径＝往来を行くにも近道をしない。吉川氏は田の中のみちは四角で、ごばん目のようになっていて、三角形の二辺を一辺にちぢめた近みちを「径」という。そこを歩くのは治安を害するという、劉宝楠の説を取りあげ説明する。

○非公事、未嘗至於偃之室也＝公務でないかぎり私の部屋にやってきたことがありません。

【解説】

武城は沂《き》水《すい》流域にあった魯の町で、南方の強国呉、越の進出を防ぐ重要な土地にあたり、この町の長官は魯の国の要職と見なされた。孔子が武城の市政や防衛などの政策や軍事的な質問をしないで、町を治めるにあたって補佐する人物の有無を尋ねたことは、孔子の人柄が良くあらわれている。

姓は澹台、名は滅明、字は子羽。孔子より三十九歳年少で、子遊より六歳年上。子遊の推薦で孔子に面識を得たらしいが容貌が醜《みにく》かったので、あまり重要視されなかった。ところが、彼は南方の長江流域呉国で儒教を広め、三百人もの弟子を教育し、儒教の南方への伝播に功績をあげた。「貌《ぼう》を以て人を取り、これを子羽《しう》に失へり」と孔子は後に反省したことを『史記』弟子列伝には記す。

十六　子曰《ハク》、質、勝《テバ》レ文《ニ》則《チ》野《ナリ》。文、勝《テバ》レ質《ニ》則《チ》史《ナリ》。文質彬彬《トシテ》　然《ル》後《ニ》君子《ナリ》。

子《し》曰《い》はく、質《しつ》、文《ぶん》に勝《か》てば則《すなは》ち野《や》なり。文《ぶん》、質《しつ》に勝《か》てば則《すなは》ち史《し》なり。文質彬彬《ぶんしつひんぴん》として然《しか》る後《のち》に君《くん》子《し》なり。

【現代語訳】　先生が言われた。「質が文にまさると野卑となり、文が質にまさると上べだけのものとなる。実質と教養が調和すると美しく、そして君子と言えるのである。」

【語釈】

○質＝素質。人間が先天的に持っているもの。生地。

○文＝人為的に洗練し、創りあげてゆくもの。文明、礼楽。

○野＝粗野。都市から離れて生活する人。野人。
○史＝文書を司る記録官。（物知りではあるが誠実さに欠けた者。）ここでは、知識に偏った文化人。
○文質彬彬＝人の実質と教養とが調和して美しいさま。

【解説】

この章について、「文」と「質」を均等に兼ね備えることが、人間文化の具現者としての君子の資格であるという視点で解説する桑原説は、今まで多くの解説がなされたなかで、現代の文明・文化論として適切かつ的確な説を展開する。

文化には強靱で素朴な生命力がなければならないが、それがそのままあらわれては露骨であり、野性的にすぎて泥くさい。それを人間化するためには、優雅な意味での人為が不可欠である。しかし、それが過度になり、そのためもとが衰弱すれば形式主義の虚飾になり、悪い意味での文化主義に陥ることはいうまでもない。

「彬彬」は
・古注では「相半ばする貌《かたち》」。
・新注では「物の相雑《まじ》わりて、適《あた》かも均《ひと》しき貌《さま》」。

貝塚説は「殷王朝の文化は質であり、周王朝の文化は文である」とし、「質は具体的には素朴、文は装飾をさし、礼つまり文化の二つの形式と考えられた」とする独自の説を展開する。

ところで、孔子の「文」と「質」を均等に兼ね備えるという主張に対して、「君子は質のみ。何んぞ文を以て為さんや」（顔淵篇）で棘《きょく》子《し》成《せい》という人物が「君子の条件は素朴さだけで充分で、文化的な要素はどうして必要であろうか」と質問した。それに対して子貢が孔先生の言葉を用いて「文は猶《なお》質のごとく、質は猶文のごとし」と反論している。孔子の主張を子貢が的確に受けとめ、それを伝承し、広めていっている様子がうかがえる章である。

二八　子貢曰《ハク》、如《シ》有《ラバ》下博《ク》施《シテ》二於民《ニ》一、而能《ク》済《フ》上衆《ヲ》者、何如。可《キ》レ謂《フ》レ仁《ト》乎。子曰《ハク》、何事《ゾトセン》二於仁《ヲ》一。必《ズ》也聖乎。尭・舜《モ》其《レ》猶《ホ》病《メリ》レ諸《ヲ》。夫《レ》仁者《ハ》己欲《シテ》レ立《タント》而立《テ》レ人《ヲ》、己欲《シテ》レ達《セント》而達《ス》レ人《ヲ》。能《ク》近《ク》取《ル》譬《ヲ》。可《キ》レ謂《フ》二仁之方《ト》一也已。

子貢《しこう》曰《い》はく、如《も》し博《ひろ》く民《たみ》に施《ほどこ》して能《よ》く衆《しゅう》を済《すく》ふ有《あ》らば、何如《いかん》。仁《じん》と謂《い》ふべきか。子《し》曰《い》はく、何《なん》ぞ仁《じん》を事《こと》とせん。必《かなら》ずや聖《せい》か。尭《ぎょう》・舜《しゅん》も其《そ》れ猶諸《なほこれ》を病《や》めり。夫《そ》れ仁者《じんしゃ》は己《おのれ》立《た》たんと欲《ほっ》して人《ひと》を立《た》て、己達《おのれたつ》せんと欲《ほっ》して人《ひと》を達《たっ》す。能《よ》く近《ちか》く譬《たとへ》を取《と》る。仁《じん》の方《ほう》と謂《い》ふべきのみ。

【現代語訳】　子貢が言った。「民衆に恩恵を与え、そして民衆を救済することができれば、いかがでしょうか。（先生が常に言われる）仁と言えましょうか。」先生が言われた。「仁にとどまるどころでなく、それこそ聖人であろう。尭や舜のような聖人でさえ、このことに心をくだき、悩みぬかれたのだ。そもそも仁者は自分が立ちたいと思えば、まず人を立たせ、自分が達成したいと思えば、まず人を達成させる。ひとのことを自分のことにひきくらべ考えることのできることが、仁を実践する方法である。」

【語釈】

○博施於民＝民衆に恩恵を与える。
○済衆＝民衆を救済する。
○何事於仁、必也聖乎＝仁にとどまるどころでなく、それこそ聖人であろう。
○尭舜＝伝説上の聖人。
○能近取譬＝ひとのことを自分の身にひきくらべて考えることができる。
○仁之方也已＝仁を実践する方法である。

【解説】

この章のおもしろさは、子貢が抽象的な思考で、孔子の思想の本質を解明しようと問いを発して究明しようとするのに対して、孔子が具体的実践的に回答して、子貢が理論だおれにならないよう思いやっている点にある。

「君は軽々しく理想の政治を語るが、いきなり天国に飛び上がるようなことを考えず、仁を求める人間としての実践をこころがけるべきではないか」という桑原氏の指摘はみごとに核心をついている。つまり子貢は政治的指導者の立場にたった権力を行使する君主の視点で「仁」をとらえようとしている。これに対して孔子の「仁」は人間と人間との善意の結びつきで、その善意を近くから遠くへと網の目を広げていかなければならないとする一人の人間の視点でとらえているのである。『論語』が人間探求の書として多くの人に読み伝えられた魅力がこのようなところにある。

述而篇

冒頭の「述而《のべて》作らず」の最初の二字をとって篇名としている。三十七章のなかで、自己の学問観や価値観や孔子の思いを語った言葉が重点的に記載されているが、この章の配列について木村英一説では次のように卓説を展開する。

私見によれば、おそらく三伝の弟子前後頃に、孔子自述の語で魯の孔門後学の間に伝誦されて格言化していたもの――それ等の言葉には、孔子が自分を我・吾・予・丘と一人称で呼んだ語を含むものが多い――、および直弟子が孔子の容止態度を伝えた短かい言葉「子……」等を集めて、一応の整理を試み、排列したものであろう。

三十七章中の一人称と「子」表記の章の一覧

1　一（我）　二（我）　三（吾）
2　四（子之燕居）
3　五（吾）⑥　七（吾）⑧
4　九（子食於有喪之側）⑩　⑪
5　一二（子之所慎）　一三（子在斉聞韶）
6　一五（我）　一六（我）
7　一七（子所雅言）⑱　一九（我）
8　二〇（子不語怪力乱神）
9　二一（我）　二二（予）　二三（我・吾・丘）
10　二四（子以四教）　二五（吾）
11　二六（子釣而不綱）　二七（我）㉘
12　二九（我）　三〇（丘）
13　三一（子与人歌而善）
14　三二（吾）　三三（吾）　三四（丘）㉟　㊱
15　三七（子温而厲）

※数字に○のある章は、一人称の記述なし

一　子曰《ハク》、述《ベテ》而不レ作《ラ》、信《ジテ》而好《ム》レ古《ヲ》。窃《カニ》比《ス》二於我《ガ》老彭《ニ》一。

子曰《しい》はく、述《の》べて作《つく》らず、信《しん》じて古《いにしへ》を好《この》む。窃《ひそ》かに我《わ》が老彭《らうはう》に比《ひ》す。

【現代語訳】先生が言われた。「（先人の学問や古典について）祖述するだけで、創作しない。そこには古代の不変の真理があることを信じ愛好する。そういう自分をそっと老彭になぞらえている。」

【語釈】

○述而不作＝古典を述べるだけで創作しない。

・「述」は朱注に「旧を伝ふるのみ」とあり、祖述の意。「作」は朱注に「創始也」とあり、「創作」の意。

○信而好古＝古代を信じ、愛好する。

○窃比於我老彭＝そういう自分をそっと老彭《ろうほう》になぞらえている。

・古注・新注ともに「窃かに我が老彭に比す」と読み、古注は「親」新注は「徒」とする。「老彭」は、殷代の賢大夫。一説に「老子」と「彭祖」とする。

【解説】

老彭は古注の包咸注に「殷の賢大夫、好みて古事を述ぶ」とあり、七百六十七歳まで生きたという伝説があり、老彭とよばれると言う。老子と彭祖とする説もあるが、『論語』には老子の記載がなく、『史記』孔子世家に「孔子が周に行き、老子に礼を学ぶ」という記事があり、漢代以降の時代に提示されたものであろう。

この章は、孔子が自分の学問の方法を述べたものである。周公以来の礼楽の道の伝承をこころがけ、みずから創作するものではないという基本的立場をとっている。一方で尚古主義にならないように、伝わるものの中でよいものを厳選した上で愛好すべきものとして伝えようとする態度で取り組んでいる。

このような孔子の態度について、貝塚氏は「周公が周の礼を作ったことが典型的な創作であった。それは、文化的なことであるが、それを実行するのは、政治的な行動であった。孔子が『述べて作らず』といったときは、こういう政治的な世界から絶縁したことが意味されている」と述べている。

二　子曰《ハク》、黙《シテ》而識《シ》レ之《ヲ》、学《ビテ》而不レ厭《ハ》、誨《ヘテ》レ人《ニ》不レ倦《マ》。何《カ》有《ラン》二於我《ニ》一哉。

子曰《しい》はく、黙《もく》して之《これ》を識《しる》し、学《まな》びて厭《いと》はず、人《ひと》に誨《をし》へて倦《う》まず。何《なに》か我《われ》に有《あ》らんや。

【現代語訳】　先生が言われた。「黙って学んだことを心にきざみ覚えこみ、学んで飽きることなく、他人に教えていやにならない、私にとってはなんでもないことだ。」

【語釈】

○黙而識之＝「黙」はだまって、理屈を言わない。「識」は言語によらず身ぶりで覚える。

○学而不厭＝学問にあきることなく持続する。

○誨人不倦＝人に教えることがいやにならない。

○何有＝なんのむつかしいことがあろうか。「能く礼譲を以て国を為《をさ》めんか、何か有らん」（里仁篇）「由や果なり、政に従ふに於いて何か有らん」（雍也篇）の用例とあわせ考察する劉宝楠は孔子の自信の言葉だとする。

【解説】

この章についての解釈のしかたに二通りのとらえ方がある。

一、「黙して之を識す」「学びて厭はず」「人に誨へて倦まず」の三つのことだけは、私にとってはなんでもないことだと解釈する。

二、徂徠の説は「黙して之を識す」ことから、自然に「学びて厭はず」が生まれ、さらにこのことが「人に誨へて倦まず」となるので、三つのことが順次因果関係をなし、展開していくので、何の困難もなく、なんでもないことになると解釈する。

徂徠の主張する孔子の学問観は螺旋階段的に展開しながら、弁証法的な発展をする。そのようなとらえ方が、現代人にとっては理解されやすいであろう。

ただ仁斎が三つのことだけには自信があるが、その他のことは私に何があろうかという自問のことばだとする説も孔子の学問観からすれば捨てがたい解釈となる。

八　子曰《ハク》、不《ンバ》レ憤《セ》不レ啓《セ》。不《ンバ》レ悱《セ》不レ発《セ》。挙《ゲテ》二一隅《ヲ》一不《レバ》下以《テ》二三隅《ヲ》一反《セ》上、則《チ》不《ル》レ復《タセ》也。

子《し》曰《い》はく、憤《ふん》せずんば啓《けい》せず。悱《ひ》せずんば発《はつ》せず。一隅《いちぐう》を挙《あ》げて三隅《さんぐう》を以《もつ》て反《はん》せざれば、則《すなは》ち復《ま》たせざるなり。

【現代語訳】　先生が言われた。「自分で解決しようと心の中に意欲をもたなければ、糸口が見つからず立ちつくすようになるが、その心をひらき教えない。言葉に表現しようと、もどかしくいらだつほどでなければ、教え導びかない。（たとえば四角のものを教えるのに）一つの隅をあげて説明すると、他の三つの隅のことを類推して理解できなければ、二度と教えることをしない。」

【語釈】

○不憤＝解決しようと心中から盛り上る意欲がなければ。
○不啓＝ひらき教えない。
○不悱＝言葉に表現しようと心に深く感じて、もどかしくいらだつほどでなければ。
○不発＝教え導かない。
○一隅＝机等の四角なものの一隅。
○不以三隅反＝他の三つの隅を類推できないようでは。
○吾不復也＝二度と教えない。

【解説】

教育には、「スズメの学校」と「メダカの学校」があると言われる。基礎・基本を徹底して習熟するまで教育するのが、「スズメの学校」である。それに対して、問題意識をもち、自らその問題解決を求めて思考・探究する教育、つまり問題解決型教育・啓発主義教育は「メダカの学校」である。孔子は「知識」と「実践」を重視する教育観をもっている。従って受動的他力本願の学習態度では孔子の求める「君子」にはならないと考えている。孔子は「万世の師表」と言われる。人類の偉大なる教師と言われる理由がこの章にあるように思われる。

一〇

子、謂《ヒテ》二顔淵《ニ》一曰《ハク》、用《フレバ》レ之《ヲ》則《チ》行《ヒ》、舎《ツレバ》レ之《ヲ》則《チ》蔵《ル》。唯我《ト》与レ爾有《ル》レ是《レ》夫。子路曰《ハク》、子、行《ラバ》二三軍《ヲ》一則《チ》誰《ト》与《ニセン》。子曰《ハク》、暴虎馮河《シテ》死《シテ》而無《キ》レ悔《イ》者《ハ》、吾不《ル》レ与《ニセ》也。必《ズ》也臨《ミテ》レ事《ニ》而懼《レ》、好《ミテ》レ謀《ヲ》而成《サン》者也。

子《し》、顔淵《がんゑん》に謂《い》ひて曰《い》はく、之《これ》を用《もち》ふれば則《すなは》ち行《おこな》ひ、之《これ》を舎《す》つれば則《すなは》ち蔵《かく》る。唯《ただ》我《われ》と爾《なんぢ》と是《こ》れ有《あ》る夫《かな》。子路《しろ》曰《い》はく、子《し》、三軍《さんぐん》を行《や》らば、則《すなは》ち誰《たれ》と与《とも》にせん。子《し》曰《い》はく、暴虎《ばうこ》馮河《ひようが》して死《し》して悔《く》い無き者《もの》は、吾与《われとも》にせざるなり。必《かなら》ずや事《こと》に臨《のぞ》みて懼《おそ》れ、謀《はかりごと》を好《この》みて成《な》さん者《もの》なり。

【現代語訳】　先生が顔淵にむかって言われた。「私を用いてくれれば、道の実現にむかって実践し、努力するが、用いられなければ、退き身をひそめてわが身を修める。このようなことができるのは、私とおまえ（顔回）だけだね。」（この話を側で聞いていた）子路が言った。「先生が大軍を指揮され戦うときは、だれといっしょになさいますか。」先生がこたえて言われた。「虎に素手で立ち向い、黄河のような大河を（舟も無く）徒歩で渡ろうとするような、無謀なことをして命をそまつにして後悔しない者とは、いっしょに行動しないよ。かならず行動するのに慎重で、よく計画をたてて成功に導くものと行動をともにしたいものだ。」

【語釈】

○用之則行、舎之則蔵＝用いてくれれば、理想実現に努力し、用いられなければ、退いてわが身を修める。

○唯我与爾有是夫＝私とおまえ（顔回）だけができることだね。

○子行三軍＝先生が三軍を率いて戦うとすれば。「三軍」は大国の軍隊。一軍は一万二千五百人。天子は六軍、大国は三軍、小国は一軍をもつ定めであった。

○誰与＝だれといっしょになさいますか。

○暴虎馮河＝虎に素手《すで》で立ち向い、河を徒歩で渡る。（ともに無謀な冒険のたとえ。）

○死而無悔者＝死んでも後悔しない者。

○必也臨事而懼＝事にあたって慎重な上にも慎重にする。

○好謀而成者也＝よく計画をたてて成功に導く者といっしょにやりたいものだ。

【解説】

この章について通説では、若い顔淵が師の信頼されているのに子路が嫉妬《しっと》して、戦争などの緊急な場面では自分のような勇気のある人間と一緒に行動してもらえるだろうと、自己顕示したととらえられている。

この会話がなされた時期に二説があり、一つは孔子五十六歳の時、宰相代理をしていて、斉が女楽を送り、孔子が辞職して天下遍歴の旅に出たとき、この時顔淵は二十六歳。もう一つは孔子六十四歳、陳・蔡の災難にあったとき、顔淵三十四歳。

「用行舎蔵」を魯国の宰相代理の職を辞したという失意の状況で孔子がふともらした言葉とすると前者となるが、顔淵が二十六歳で若すぎ、用いられなければ、退き身をひそめるという辞職する内容にふさわしいとは考えにくい。諸国遍歴で、まして危機状況で、軍事的な危機を考えると後者の方がふさわしいだろう。

この章は、孔子の晩年に子路が衛の内乱で斬死したことを考えあわせて、蛮勇をふるい、命を粗末にするような子路に対する戒めの内容に視点を置いて考えると、孔子六十四歳、子路五十五歳の時とするとらえ方の方が弟子とともに生きた孔子をより良く表わしていると言えるだろう。

一五　子曰ハク、飯ヒ二疏食ヲ一飲ミレ水ヲ、曲ゲテレ肱ヲ而枕トスレ之ヲ。楽シミモ亦タ在リ二其ノ中ニ一矣。不義ニシテ而富ミ且ツ貴キハ、於イテレ我ニ如シ二浮雲ノ一。

子曰《しい》はく、疏食《そし》を飯《くら》ひ水《みづ》を飲《の》み、肱《ひぢ》を曲《ま》げて之《これ》を枕《まくら》とす。楽《たの》しみも亦《ま》た其《そ》の中《うち》に在《あ》り。不義《ふぎ》にして富《と》み且《か》つ貴《たふと》きは、我《われ》に於《お》いて浮雲《ふうん》の如《ごと》し。

【現代語訳】 先生が言われた。「粗末な食事をし、水を飲み、自分のひじを曲げて枕のかわりとする。そんな生活のなかにも楽しみはあるものだ。道にはずれて金持ちになり、高い地位につくなどとは大空に浮かぶ雲となんら変りはないものだ。」

【語釈】
○疏食＝粗末な食事。古注では「菜食」。新注では「麤飯《そはん》」。この時代、米のご飯は上流階級の者の食事で、一般庶民は「高粱飯《コーリャン》」であったと言われる。
○飲水＝冷水ばかりでなく、加熱した水、白湯《さゆ》も水である。
○曲肱＝肱は「ひじ」と読んでいるが、日本語の「ひじ」のあたる漢字は「肘《ちゅう》」である。曲肱の直訳は「肱《うで》を曲げて」。

【解説】
孔子は粗末な衣食住の生活の中にも、学問に志すものは不正によって得た裕富や高い地位とは別なさわやかな楽しみがあると言っている。つまり、孔子にとって利己的な野心や欲望によって得た社会的な地位や経済的な豊かさは浮雲のように、はかなく、あてにならないと考えている。このことについて古注では「浮雲の如し」という比喩を「己が有《も》ちものに非ざるなり」と注す。そして皇侃は、不正な富貴は勝手に浮雲が天に浮かんでいるように、我とは無関係なものだと解釈する。

孔子は富貴な生活をする人を批判したり、非難しているのではなく、「富貴天に在り」(顔淵篇)と富貴は天によるものとの天命観をもっている。現実に生きる一人の人間としては、生きていくに必要な「衣食住」があれば、精神的な充実が得られる学問に精進することこそが、人間らしく生きていける生き方だとの信念をもっていたのである。

一八　葉公、問孔子於子路。子路不対。子曰、女奚不曰、其為人也、発憤忘食、楽以忘憂、不知老之将至云爾。

葉公《せうこう》、孔子《こうし》を子路《しろ》に問ふ。子路《しろ》対《こた》へず。子《し》曰《い》はく、女奚《なんぢなん》ぞ曰《い》はざる、其《そ》の人と為《な》りや、憤《いきどほ》りを発《はっ》して食《しょく》を忘《わす》れ、楽《たの》しみて以《もっ》て憂《うれ》ひを忘《わす》れ、老《お》いの将《まさ》に至《いた》らんとするを知《し》らずと爾《しか》云《い》ふと。

【現代語訳】　葉《しょう》公が孔子の人柄について子路にたずねた。子路は答えなかった。先生が言われた。「おまえはどうして言わなかったのだ。その人柄は発憤すると食事も忘れ、おもしろくなると心配事を忘れ、老いがやってくることにも気づかずにいる、そのような人である、と。」

【語釈】

○葉公＝楚の大夫。姓は沈《しん》、名は諸梁《しょりょう》。字は子高。白公の乱を人望によって治めた。楚国では名声の高い、すぐれた人。
○奚不曰＝なぜ言わないのか。
○為人＝性格、人格。
○発憤＝心に求めて、得られないためにいらだつこと。
○云爾＝「…と、そういう人だ」「…と、そういうことだ」と上述の説をくりかえし肯定して語勢を強める助辞。

【解説】

この章において、次の三点が、いろいろと議論され、解釈の違いが指摘されている。
第一に子路が葉公に「孔子の人柄について質問され、答えられなかった」こと。
第二に孔子が子路に語った「発憤忘食」について。
第三に葉公を訪問した時期や意図について。

まず第一に子路が答えなかった理由について古注は、先生の人柄があまりにも偉大であり、どう答えて良いかわからなかった。新注では、葉公の質問が、見当違いの問いであり、答えられなかった。さらに桑原説では、「鄭玄の注では、葉公が孔子を模範として自分も見ならいたいという意図をもって聞いたから、子路は答えかねたのだという」と新説を提示する。孔子の弟子の顔回が、孔子の人物像をどう表現して良いか、戸惑っている「之を仰げば弥々《いよいよ》高く、之を鑽れば弥々堅し」(子罕篇)とあわせて考えてみると、子路が答えられなかったのは、葉公に子路が先生の優れた点をどのように絞りこみ、説明して良いか、迷っていたとするのが、理由になっている。身近に接する弟子たち、とくに子路はあまりに才能あふれる先生を説明するのに、言葉を失ったと言えよう。

第二の発憤忘食については、「道を求めて発憤し、道を得て楽しむ」あるいは「学に発憤し、その成るを楽しむ」という解釈にわかれる。

前者については仁斎が「道の窮まりなくして達し難きを知る。故に発憤する」と述べ後者は朱注では「未だ得ざれば発憤して食を忘れ、すでに得れば、則ちこれを楽しみて憂ひを忘る」と学問に特化して述べている。

この章について、ともすると「道」や「学」に限定して解釈しがちであるが、「老いの将に至らんとするを知らず」という年齢にとらわれず、命ある限り、充実した生を生きることに注目する必要があるだろう。

第三の葉公を訪問した時期や意図と関連して考えてみると、従来、諸国遍歴の旅は、自分を用いて、政治実践できる国や政治的リーダーを求めた旅であったとするとらえ方や説は多い。たとえば哀公十年(前四八九年)孔子六十四歳のときに葉公に会ったと銭穆の説で述べている。さらに井上靖の小説『孔子』では葉公に会い、孔子は自らの政治的情熱を葉公のもとで実践したいと旅に出たとする。

そのような政治的野心に力点をおかず、子安宣邦説の「老いのまさに来たろうとする年齢にして、何事であれ、憤りを発して食を忘れ、楽しんで憂いを忘れることのできること、それだけで素晴らしいことではないか」と人間の生きる喜びの賛歌の章ととらえることに賛同したい。

二一　子曰《ハク》、三人行《カバ》必《ズ》有《リ》二我《ガ》師一焉。択《ビテ》二其《ノ》善《キ》者《ヲ》一而従《ヒ》レ之《ニ》、其《ノ》不《ル》善《カラ》者《ニシテ》而改《ム》レ之《ヲ》。

子曰《しい》はく、三人行《さんにんゆ》かば必《かなら》ず我《わ》が師《し》有《あ》り。其《そ》の善《よ》き者《もの》を択《えら》びて之《これ》に従《したが》ひ、其《そ》の善《よ》からざる者《もの》にして之《これ》を改《あらた》む。

【現代語訳】 先生が言われた。「三人で連れだって行くと、その中にきっと自分の良師がいる。善い人を選んでそれに見ならい、善くない人を見れば不善を改めるようにするからである。」

【語釈】

○三人＝文字通り三人という説と不定の少数人数という説がある。

○行＝道を行く。「行なう」という説もある。

【解説】

「三」という数字を、中国では古代から特別な思いをこめて、扱っている。故事成語となっている「三人虎を成す」（韓非子）「曾参人を殺す」（戦国策、秦）には、「三度嘘をつけば、真実となる」という人間心理の盲点をついた内容がある。集団の最小単位としての「三」の効果については、劉邦が「三傑を評す」と張良・蕭何・韓信をあげ、天下を取った理由としている。わが国の昔話も桃太郎は「サル・イヌ・キジ」の三動物を伴にして行動している。これは、国家の経営や集団の行動において知恵・情報・行動の三要素の必要を説いているのである。

今、三人道をあるいていたら、自分と他の二人の行動・言葉の中から、自分の師とすべきものが見い出せるだろう。他の二人の行動・言葉の中から良いものを選び、自分の手本とし、また良くないと思うものは、自らの反省材料とする。

孔子は社会秩序の安定や社会改革をめざしている。その根底には『大学』の「修身・斉家・治国・平天下」の思考がある。

新注に引く尹淳《いんじゅん》は「賢を見ては斉《ひと》しからんことを思ひ、不賢を見ては内に自ずから省りみる」（里仁篇）と同趣旨だと述べている。

泰伯篇

この篇は、天下を弟の季歴にゆずり、南方の呉の地に移り住んだ、泰伯をたたえた二字をとって篇名としている。泰伯篇は二十一章からなっている。第一章は泰伯の賞賛の章で、第二章は「子曰」の孔子の言葉であるが、前半の「恭而……則絞」と後半の「君子……不偸」とは文章も意味も続かない。朱子は第二章の前半は孔子の言葉。後半は曾子の言葉だとする。

この朱子の説に同意して、木村英一氏は次のように、泰伯篇二十一章の再構成した案を提示する。

〈第一のグループ〉

篇首の第一章と篇末の第十八・十九・二十・二十一章の五章。

泰伯・舜と禹・堯・舜と武王・禹等の古聖賢をたたえた尚書に基づく孔子の言葉を集めたもの。

〈第二のグループ〉

第一章と二章の二つの章。

第一章の泰伯の礼譲をたたえた孔子の言葉と、第二章の前半の礼を強調した孔子言葉、後半の曾子が孔子の言葉に理解を示すものをあわせた章。

〈第三のグループ〉

第二章の後半の曾子の言葉と第三章・四章・五章・六章・七章の六つの章。

第三のグループは曾子の言行録

〈第四のグループ〉

第二章の前半の孔子の言葉と第八章〜十七章の十一の章。

第四のグループは孔子の格言・名言

【まとめ】

Ⅰ　1……18・19・20・21　尚書に基づく孔子の言葉

Ⅱ　1 2（前半＋後半）　孔子と曾子の言葉

Ⅲ　2（後半）3・4・5・6・7　曾子の言葉

Ⅳ　2（前半）8〜17　孔子の格言・名言葉

一　子曰《ハク》、泰伯《ハ》其《レ》可《キ》レ謂《フ》二至徳《ト》一也已矣。三《タビ》以《テ》二天下《ヲ》一譲《ル》。民無《シ》二得《テ》而称《スルコト》一焉。

子曰《しい》はく、泰伯《たいはく》は其《そ》れ至徳《しとく》と謂《い》ふべきのみ。三《み》たび天下《てんか》を以《もつ》て譲《ゆづ》る。民《たみ》得《え》て称《しよう》すること無《な》し。

【現代語訳】 先生が言われた。「泰伯さまは最高の徳のもち主だと言うべき人であろう。（父大王の意図を察して、王位につく機会が何度もあったが）天下を弟たちにつぎつぎと譲って位につかなかった。天下の人々は（泰伯の意図が）どういうことか分からず、ほめたたえることもなく自然に受けとめた。」

【語釈】

○泰伯＝周の文王の父である季歴《きれき》の兄。弟の季歴に周の国を譲ろうと、他国に出奔した。

○至徳＝最高の徳。

○三以天下譲＝天下を弟たちにつぎつぎに譲る。王位につく機会が何度もあったが、その度に譲って位につかなかった。

○民無得而称焉＝泰伯さまの真意が国民にはどういうことか分からず、ほめたたえることもなかった。

【補説】

周王室系譜　（　）は周王朝建国後に追尊した称号

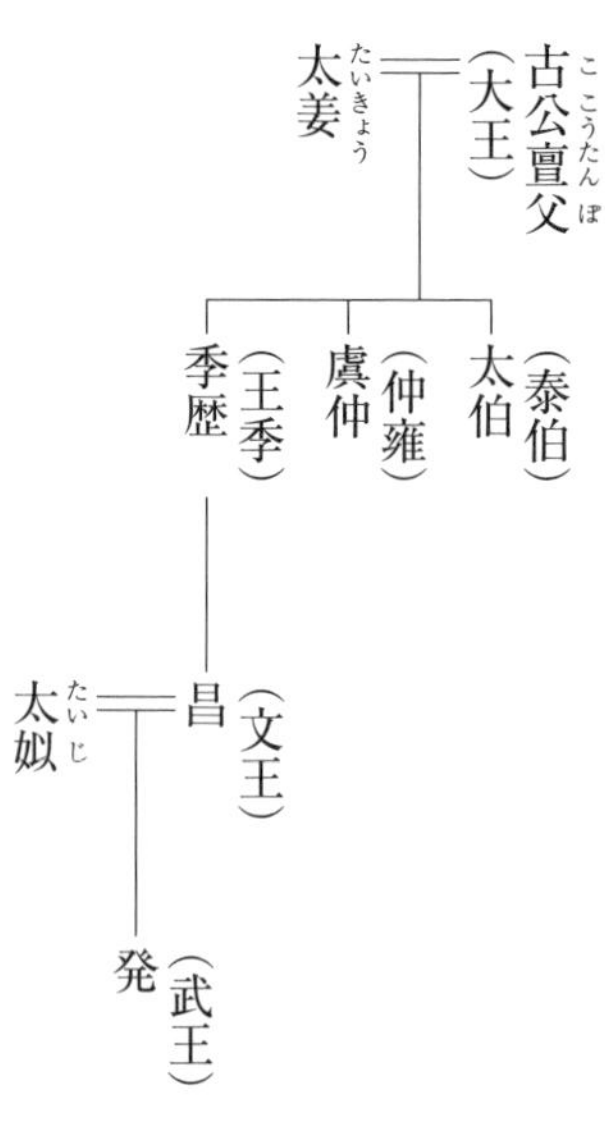

泰伯は周の大王の長子であったが、昌が生まれる時に瑞祥《ずいしょう》（赤い雀が丹書をくわえて産屋《うぶや》にとまった）があり、大王は「周は昌の時に栄えるであろう」と言った。それを聞いた太伯は、季歴に後を継がせ、昌に伝えたいとい

う大王の心を察して、虞仲とともに南方の呉の国に出向き、その風俗、断髪文身（髪をきり、刺青《いれずみ》をいれる）をして、父の継承者であることを放棄し、王位が季歴から文王に伝わるようにしたという。

【解説】

「三たび天下を以て譲る」について諸説がある。

一、礼に従って固辞することを三譲と言った。泰伯・仲雍・王季の三人が心を合わせて父大王の意志を重んじて、天命が文王に下るように譲った。

二、何度も辞退したことの文学的表現。

儒家における政権の交替の理想は、武力革命ではなく、天下を治めるべき人は、禅譲《ぜんじょう》によって引きつがれるべきだとの考え方に基づいている。従って神話の尭から舜、舜から禹へと天子の位を譲る禅譲によって移行した。殷王朝から周王朝への政権交替は武力革命によって武王が殷の紂王を打倒することによって成立した。これでは、理想の王朝とはならない。そこで、禅譲の受命の王の存在として文王（昌）をとりあげる必要がでてくる。

孔子自身による歴史認識か、またはすでに周王朝の成立の正当性について行きわたっていたか、周王朝には文化を尊重し、武力を否定するという価値基準があったとは確かである。つまり、周王室は天子は六軍を保持すると規定があっても直属の七万五千人の軍をもっていない。必要な折には諸侯の軍を招集するのである。

三

曾子、有《リ》レ疾。召《ビテ》二門弟子《ヲ》一曰《ハク》、啓《ケ》二予《ガ》足《ヲ》一、啓《ケ》二予《ガ》手《ヲ》一。詩《ニ》云《フ》、戦戦兢兢《トシテ》、如《ク》レ臨《ムガ》二深淵《ニ》一、如《シト》レ履《ムガ》二薄冰《ヲ》一。而今《ヨリシテ》而後、吾知《ル》レ免《ルルコトヲ》夫、小子。

曾子《そうし》、疾《やまひ》あり。門弟子《もんていし》を召《よ》びて曰《い》はく、予《わ》が足《あし》を啓《ひら》け、予《わ》が手《て》を啓《ひら》け。詩《し》に云《い》ふ、戦戦兢兢《せんせんきょうきょう》として、深淵《しんゑん》に臨《のぞ》むが如《ごと》く、薄冰《はくひょう》を履《ふ》むが如《ごと》しと。而今《いま》よりして後《のち》、吾免《われまぬか》るることを知《し》るかな、小《せう》子《し》。

【現代語訳】 曾子が病気で重体におちいった。門人たちをよびあつめられて言った。「わが足を見よ、わが手を見よ。詩経のことばに『おそれおののき、心をいましめる、底知れぬ淵をのぞむように、薄き氷の上をわたるように』とあるが父母からさずかった身体を大切にあつかってきた。これからさき、私はもうそのような心配をしなくともよくなった。若者たちよ。」

【語釈】

○疾＝病気。（危篤の状態の病気）
○門弟子＝門人と弟子。
○啓予足＝「啓」は開く。
・古注・新注ともに「啓」は「開」。王念孫は「啓」は「䁈」と同じで「視る」こととする。ふとんを開いて足を見よ。

○詩云＝『詩経』「小雅」の小旻《びん》篇。
○戦戦兢兢＝恐れおののき心を戒めること。
○如臨深淵＝踏み誤れば落ちてしまうことを恐れるたとえ。
○而今＝いまこの時。
○知免＝災難や刑罰から幸運にも免れる。
○小子＝若い門人。

【解説】

この章は『孝経』の第一章の開宗明義章の「身体髪膚之を父母に受く、敢へて毀傷せざるは孝の始めなり」と関連して解釈されている。『孝経』は孔子と曾子との対話の形式で孝について孔子が考えを述べ、曾子が聞きとる形で展開されている。父母から受けとった肉体を傷つけず、生涯を過すことが孝だとする理由として、次の二説がある。

吉川説では、完全な肉体を保ち死に就くというのは、刑罰や死刑の危険が高い古代社会では、よほど注意深く生活をしなければならないことである。これを孝と結びつけて考えてみると、宮刑や死刑となれば、子孫を残せず先祖の祭祀がとだえてしまう。祭ることのできない先祖の霊は、さまよい生きている人に害を与える。

貝塚説は再生説をとる。原始民族のなかには、埋葬は死によって肉体を抜け出した魂が、ふたたび肉体にもどってきて復活できるまで肉体を保存しておくものだと信じたものがある。そのため生前から体が毀傷されていると、この再生が困難になると考えられた。

四　曾子、有《リ》疾。孟敬子問《フ》之《ヲ》。曾子言《ヒテ》曰《ハク》、鳥之将《ニ》《ルヤ》死《ナント》、其《ノ》鳴《クコト》也哀《シ》。人之将《ニ》《ルヤ》死《ナント》、其《ノ》言《フコト》也善《シ》。君子《ノ》所《ノ》貴《ブ》乎道《ニ》者三《ツ》。動《カシテハ》容貌《ヲ》斯《ニ》遠《ザク》暴慢《ヲ》矣。正《シテハ》顔色《ヲ》斯《ニ》近《ヅク》信《ニ》矣。出《ダシテハ》辞気《ヲ》斯《ニ》遠《ザク》鄙倍《ニ》矣。籩豆之事則《チ》有司存《セリ》。

曾子《そうし》、疾《やまひ》あり。孟敬子《まうけいし》之《これ》を問《と》ふ。曾子《そうし》言《い》ひて曰《い》はく、鳥《とり》の将《まさ》に死《し》なんとするや、其《そ》の鳴《な》くこと哀《かな》し。人《ひと》の将《まさ》に死《し》なんとするや、其《そ》の言《い》ふこと善《よ》し。君子《くんし》の道《みち》に貴《たふと》ぶ所《ところ》の者《もの》は三《みつ》つ。容貌《ようばう》を動《うご》かしては斯《ここ》に暴慢《ぼうまん》を遠《とお》ざく。顔色《がんしょく》を正《ただ》しては斯《ここ》に信《しん》に近《ちか》づく。辞気《じき》を出《い》だしては斯《ここ》に鄙倍《ひばい》に遠《とお》ざく。籩豆《へんとう》の事《こと》は則《すなは》ち有司《いうし》存《そん》せり。

【現代語訳】　曾子の病気を魯の大夫孟敬子が見舞った。曾子が言った。「鳥が死にぎわの鳴き声はかなしい。人が死ぬときは良い言葉を伝えようとする、と言います。君子は日常生活でこころがける大切なことが三つありります、第一に立ち居振舞いに気をつけること、そうすればあなどりから遠のきます。第二に顔つきをきちんとすること、そうすれば人の信頼が得られます。第三に発言するときには語気に注意すること、そうすれば人からさげすまれ背かれることがなくなります。お祭りの器物などの礼や作法については、担当する役人におまかせになることです。」

【語釈】

○孟敬子＝魯の大夫。姓は仲孫（孟孫とも言う）。名は捷《しょう》。敬子は謚《おくりな》。
○動容貌＝立ち居振舞いを慎重にする。
○遠暴慢＝粗暴なあなどりから遠のく。
○正顔色＝顔の表情を整える。
○近信＝人の信頼に近づく。
○出辞気＝話す言葉をおだやかにする。
○遠鄙倍＝さげすまれ背かれることから遠ざかる。
○籩豆＝祭りに供え物を盛る器。
○有司＝係りの役人。

【解説】

通説では、臨終の言葉として、命つきる前に、死にのぞんだ人間が良い言葉を伝えようとする、つまり臨終の人間の発言は誠実だとするとらえ方が主流になっている。これに対して桑原説では「臨終の人間が必ずしも誠実な発言をするとは限るまい」と反論するが、曾子に関しては、危篤の曾子が大夫の簀《さく》（すのこ）を敷いたまま死を迎えようとしていて童子の指摘によって取りかえてもらって死んだという「易簀《えきさく》」の故事（『礼記』檀弓篇上）のように、命つきるまで、強靱な精神力で、自己の思いを伝えようと努力したように思われる。

諸氏の解釈が微妙に相違する。木村・貝塚（新注）・吉川（古注）三氏の説を列挙してみる。

◇所貴乎道者

木村…為政者が政道において大切にするもの。

貝塚…君子たる者は日頃の生活で三つのことを心がける。

吉川…道すなわち礼というものに対し、為政者として、特に尊重すべき効用は、三つある。

◇動容貌、斯遠暴慢

木村…君子らしく、荘重に行動すれば無礼からまぬがれる。

貝塚…立居振舞にお気をつけられること、さすれば暴力と軽侮は自然に遠ざかる。

吉川…動作を礼のおきてによってうごかすならば、言語・肉体による暴力、その他、他人が自己に加える諸種の暴力から遠ざかることができる。

◇正顔色、斯近信矣

木村…君子らしくまじめな態度を示せば相手の信頼が得られる。

貝塚…顔つきを厳然となされること、さすれば人の信頼が自然に集まる。

吉川…顔の表情を礼によって正しくすれば、人からだまされない。

◇出辞気、斯遠鄙倍矣。

木村…高雅な言葉を語れば相手の野卑な言動を追放する。

貝塚…野卑で不合理なことばは、自然に耳にはいらなくなる。

吉川…言葉づかいが礼のおきてによるならば、道理に倍《そむ》いた他人の言語を遠ざけることができる。

六　曾子曰《ハク》、可《ク》三以託《テス》二六尺之孤《ヲ》一、可《ク》三以寄《テス》二百里之命《ヲ》一、臨《ミテ》二大節《ニ》一而不レ可《カラ》レ奪《フ》也。君子人与、君子人也。

曾子《そうし》曰《い》はく、以《もっ》て六尺《りくせき》の孤《こ》を託《たく》すべく、以《もっ》て百里《ひゃくり》の命《めい》を寄《よ》すべく、大節《たいせつ》に臨《のぞ》みて奪《うば》うべからず。君子人《くんしじん》か、君子人《くんしじん》なり。

【現代語訳】　曾子が言った。「父王をなくした幼い君をまかせることができ、一国の政治をあずけることができ、重大な国家的な大事件にあたって、心を動かさず礼節を失わない人物であれば、君子人といってよかろうか、それこそ君子人である。」

【語釈】

○六尺之孤＝十五歳位の父をなくした幼君。戦国時代の一尺は二十三センチメートル。六尺は一三八センチ。

○百里之命＝諸侯の国の運命。

○大節＝国家の危急の場合。

・古注は「国家を安んじ社稷を定める」政治的リーダーとして最も大切なこと。

・新注は「死生の際」生命をかける大事件。

○君子人与、君子人也＝朱注では、自問自答の形で君子であることを強調した表現だとする。徂徠は「君子人なるかな、君子人なり」と繰り返しによる賛美とする。

【解説】

この章は託孤寄命説として、次のような前田利家と加藤清正の話が、よく注釈書に用いられる。わかりやすい内容として紹介する桑原説を揚げておく。

曾子は士の生き方について述べることが多かったので、彼の説は日本の武士に大きな影響を与えている。加藤清正はかつて前田利家からこの章について話され、なんのことやらわからなかったが、晩年『論語』を勉強してその意を悟り、太閤《たいこう》なき今の時こそこの章を深く考えねばならぬ、と覚悟した。そして、慶長十六年（一六一一）三月、すでに権力を握った徳川家康が京都の二条城に豊臣秀頼を招致したさい、清正は太閤にもらった短刀を懐中してこれを護衛し、無事会見を終えて大阪へもどる船中、今日ようやく太閤の厚恩の万分の一に報いることができた、と泣いたという。

『論語』における託孤寄命説は、武王が亡くなったあと、周公が幼い成王を補佐して、周王朝の創設期の危機を乗りこえた例として、これまた多くの注釈書で述べられている。政治的な立場にたって幼君を補佐して、一国を安泰させ、繁栄させる事例を歴史の中に見い出すことができる。一方では戦国時代のような下剋上の社会情勢では、臣下である一国の実力者が、自らの力を誇示するために幼君を擁立するように見せかけ、一国の支配権力を得ることに用いる場合がある。たとえば始皇帝崩御後の二世皇帝に胡亥《こがい》を擁立した宦官趙高と宰相李斯の画策したように国家滅亡の要因となった事例もある。

一七　子曰《ハク》、学《ハ》如《クスルモ》レ不《ルガ》レ及《バ》、猶《ホ》恐《ル》レ失《ハンコトヲ》レ之《ヲ》。

子《し》曰《い》はく、学《がく》は及《およ》ばざるが如《ごと》くするも、猶之《なほこれ》を失《うしな》はんことを恐《おそ》る。

【現代語訳】　先生が言われた。「学問をするには、追いかけても追いかけても追いつけないような態度で、とり組むべきだ。それでもなお見失うことの恐れがあるのだ。」

【参考】
この章についての解釈は、朱子の注で解釈するものが多い。朱子の注では、次のように述べている。
「人の学を為す、既に及ばざる所有るが如《ごと》くす。而して其の心は猶ほ竦然《しょうぜん》（おそれおののくさま）として、惟《た》だ其の或《ある》ひは之を失はんことを恐る。学者当《まさ》に是のごとくすべしと警《いまし》むるなり」

【解説】

『論語』は「学に始まり、学に終わる」と言われるほど学ぶことの楽しさや学ぶことによる人間修養などが多くの章に取りあげられている。

孔子も「吾十有五にして学に志す。〜七十にして心の欲する所に従ひて、矩を踰えず」（為政篇）と生涯にわたり学ぶことに情熱をそそいでいる。

この章と関連して考えられるのは、「朝に道を聞かば、夕べに死すとも可なり」（里仁篇）とあるように、孔子は真理探究に徹し、終世学び続けた人生であった。そして学ぶことによって人間らしさを保ち続け〝考える葦〟として理性的存在であり得たのである。

子罕篇

この篇は、冒頭の「子《し》罕《まれ》に利を言ふ」の最初の二字をとって章名としている。

この篇は、述而篇と同じように、直弟子が孔子の容止態度を伝えた短かい言葉、

○子、罕言利。与命与仁。

○子絶四。毋意、毋必、毋固、毋我。

…

このような「子」で始まる章を含みながら、達巷党人や大宰など弟子以外の人が孔子の人柄について論じたり、また弟子の顔回が師を仰ぎ孔子を敬慕する章もあるが、ほぼ孔子の自叙の章「子曰、」を中心として、孔子の言行を記録した述而篇の編集に類似する章である。ただ、この子罕篇には、孔子の晩年の言動と考えられる章句が特色として見られる。たとえば、孔子が時世に絶望した章句。

○鳳鳥不至、河不出図、吾已矣夫。

○子、在川上曰、逝者如斯夫、不舍昼夜。

さらに病臥にあった孔子、

○子疾病…

若者に対する期待のことば

○後生可畏。

この章でも弟子のとりあげ方で顕著な特色が見られる。登場するのは子路・顔回・子貢の三弟子だけである。

一　子、罕ニ言レフ利ヲ。与レ命ニシ与レ仁ニスト。

子《し》、罕《まれ》に利《り》を言ふ。命《めい》と与《とも》にし仁《じん》と与《とも》にす。

【現代語訳】　先生はめったにしか利益について語られなかった。語られるときには天命や運命もしくは仁と徳との関連で語られた。

【解説】

『論語』の中で、「利」について語った章は六例で、また「命」について語った章も六例である。ところが、「仁」に関しては六十条以上もある。

『論語』において、この章は古注・新注ともに「子罕《まれ》に利と命と仁とを言ふ」と読むのが通説であった。そして、「先生がめったに語られないものが三つあった。一つは利益。二つは天命と運命。三つには最高の徳である仁。」と解釈すると、六十回以上も『論語』に述べられている「仁」があり、「仁」を稀にしか語らないとすると矛盾することになる。

荻生徂徠がこの矛盾に対して、提唱した冒頭のような読み方・解釈を、わが国の武内義雄・貝塚茂樹・桑原武夫など採用する学者がふえてきている。

特に貝塚氏は「利」を語った六例中、子罕篇の右の章を除いた五例について、次のように分析する。

一、仁に関連して利をといた。「知者は仁を利とす」（里仁篇）

二、仁義の義に関連して利をといた。「君子は義に喩《さと》り、小人は利に喩る」（里仁篇）「利を見ては義を思う」（憲問篇）

三、利だけ語ったもの。「利に放《よ》りて行なへば怨多し」（里仁篇）「小利を見ることなかれ。…小利を見れば則ち大事成らず」（子路篇）

利について説いたものは後の二例で、他の三例は仁及び仁義に関連させながら、「利」をといている。

五　子畏於匡。曰、文王既没、文不在茲乎。天之将喪斯文也、後死者、不得与於斯文也。天之未喪斯文也、匡人其如予何。

子《し》、匡《きやう》に畏《おそ》る。曰《い》はく、文王既《ぶんわうすで》に没《ぼつ》したれども、文茲《ぶんここ》に在《あ》らずや。天《てん》の将《まさ》に斯《こ》の文《ぶん》を喪《ほろ》ぼさんとするや、後死《こうし》の者《もの》、斯《こ》の文《ぶん》に与《あづ》かることを得《え》ざるなり。天《てん》の未《いま》だ斯《こ》の文《ぶん》を喪《ほろ》ぼさざるや、匡人其《きやうひとそ》れ予《われ》を如何《いかん》。

【現代語訳】　孔子が匡の地でおそろしい目にあった。孔子が言った。「周の文王はなくなられた。周の文王の文化は私に伝わっていないだろうか。天がこの文化を滅ぼそうとするならば、私はこの文化を享受することができなかったはずである。天がこの文化を滅ぼそうとしない限り、匡の民が私をどうすることもできないであろう。」

【語釈】

○畏於匡＝匡の地でおそろしい思いをする。司馬遷の『史記』によれば季氏の宰で、魯の国で独裁的な権力を行使していた陽虎が、この匡の邑を攻めて人民を苦しめた。孔子の容貌が陽虎に似ていたので、誤って孔子が襲われたと記述している。

○文王＝周王朝の体制と文化を築いた人。周王朝を建国した武王の父。

○文不在茲乎＝「文」は周の文王のつくった礼・楽の文化。「茲」は孔子自身に伝えられ備わっている文化。

○後死者＝文王に後れて死ぬ者。孔子自身のこと。

○不得与＝あずかり知ることができない。

○其如予何＝わたしに対してどうすることもできないだろう。

【解説】

孔子は故国魯を離れて、衛へと亡命した（前四九七年）。孔子五十六歳あるいは五十七歳のときのことで、匡・蒲二邑の間における危難について、いろいろな説や注釈家による解釈がなされている。

匡・蒲の危難は異なった時期に、別の場所で起ったことではなく、同一時期、場所での出来事であるというのが通説となってきている。この危難の折に、孔子は文王は既になくなっておられるが、文化の伝統は私に伝わっている。天がこの文化を亡ぼすつもりならば私が文化の恩恵にあずかっているはずはない。天はこの文化を亡ぼすつもりはないのだ。だから周の文王の文化の伝承者である私を匡の人が天の意思にそむいてどうすることもできないだろうと言ったとする。文化の伝道者としての孔子の自信の強さをあらわすものと解釈されてきている。

けれど危機的状況の中で、「天」への信仰をもち出し、自己の正当化を主張するのは、漢代の孔子の素王の解釈と同様に、後人のこじつけの感がしなくはない。この章は諸国遍歴時の記述になっているが、この章の解釈には文化の伝承者としての使命観にあふれた孔子像を中心にしたとらえ方をすべきであろう。

つまり、諸国遍歴の旅を終えた孔子は、故郷で書物の編纂と弟子たちの育成に情熱を注ぐのであるが、その晩年の日々に結びつく周の文化の伝承と同時に「仁」の思想が普遍性をもって後の世に伝わっていくように孔子は願っていたという視点を取り入れて、はじめて「天」から与えられた使命観を果たす、孔子の情熱が理解されるのである。

六　大宰、問《ヒテ》二於子貢《ニ》一曰《ハク》、夫子《ハ》聖者与。何《ゾ》其《レ》多能《ナル》也。子貢曰《ハク》、固《ヨリ》天縦《ノ》之将聖《ニシテ》、又多能也。子聞《キテ》レ之《ヲ》曰《ハク》、大宰、知《レル》レ我《ヲ》者乎。吾少《クシテ》也賤《シ》。故《ニ》多二能《ナリ》鄙事《ニ》一。君子、多《ナラン》乎哉。不ルレ多ナラ也。

大宰《たいさい》、子貢《しこう》に問《と》ひて曰《い》はく、夫子《ふうし》は聖者《せいじゃ》か。何《なん》ぞ其《そ》れ多能《たのう》なる。子貢《しこう》曰《い》はく、固《もと》より天縦《てんしょう》の将聖《しょうせい》にして、又《また》多能《たのう》なり。子《し》之《これ》を聞《き》きて曰《い》はく、大宰《たいさい》、我《われ》を知《し》れる者《もの》か。吾《われ》少《わか》くして賤《いや》し。故《ゆゑ》に鄙事《ひじ》に多能《たのう》なり。君子《くんし》、多《た》ならんや。多《た》ならざるなり。

【現代語訳】 呉の大宰が子貢に尋ねた。「孔先生は聖人でしょうか。それにしても何と多能な方だろう。」子貢が答えて言った「もとより天がみとめた大聖人ですが、そのうえに多能でもあられます。」孔子はこのことを聞いて言った。「大宰は私のことをよく知ってくれているね。私は若いころ貧乏で地位も低く、そのため雑務などのつまらない仕事ができるようになったのだ。君子は多能であっていいだろうか、多能ではないのだよ。」

【語釈】

○大宰＝呉と宋との官名で、首席の大臣。総理大臣。ここは呉の大宰嚭《ひ》。

○夫子聖者与＝古注では「夫子はほんとうに聖人なのか、それにしてもつまらないことに多能すぎるのではないか」という疑問とする。新注では「夫子は世間で言うように、聖者なのでしょうか、それにしても何と多能な方だろう」。

○天縦＝天が存分に力を発揮することを認める。

○将聖＝大聖人。

○鄙事＝つまらない雑事。

【解説】

子貢は新興の覇者の国、呉の大宰嚭と哀公七年（前四八八年）と哀公十二年（前四八三年）の二回にわたり魯国の代表として会っている。多分、孔子晩年の哀公十二年の時の会話であろう。大宰嚭は呉王夫差にとり入り、伍子胥を死に追いやり、越からのわいろをとり、私利私欲に走り、ついに呉を滅亡させた人物である。当時活躍した近隣諸国の人物についての情報はもっていたであろう。

この章では「君子は器ならず」（為政篇）と関連して、聖人が多能であってはおかしいという考えが根底にあるように考えられる。大宰嚭のことばを聞いた孔子は種々雑多な才能というのはほめられたものではない。君子は多能であってよかろうか、多能であってはよくないのだと「自分が聖者であるかないかについて全く触れず、多能ということだけを取りあげて、それを事実としては肯定しつつ、価値としては否定したところに、孔子の言葉のおもしろさがある」（吉川幸次郎）のとらえ方が納得のいく解釈となる。

一〇　顔淵喟然《トシテ》歎《ジテ》曰《ハク》、仰《ゲバ》㆑之《ヲ》弥《ヽ》高《ク》、鑽《レバ》㆑之《ヲ》弥《ヽ》堅《シ》。瞻《ルニ》㆑之《ヲ》在《リ》㆑前《ニ》、忽焉《トシテ》在《リ》㆑後《ニ》。夫子、循循然《トシテ》善《ク》誘《フ》㆑人《ヲ》。博《ムルニ》㆑我《ヲ》以《テシ》㆑文《ヲ》、約《スルニ》㆑我《ヲ》以《テス》㆑礼《ヲ》。欲《スレドモ》㆑罷《メント》不《ハ》㆑能。既《ニ》竭《クス》㆓吾《ガ》才《ヲ》㆒。如《シ》㆓有《リテ》㆑所《ツ》㆑立卓爾《タルガ》㆒。雖《モ》㆑欲《スト》㆑従《ハント》㆑之《ニ》、末《キ》㆑由也已。

顔淵《がんえん》、喟然《きぜん》として歎《たん》じて曰《い》はく、之《これ》を仰《あふ》げば弥ゝ高《いよいよたか》く、之《これ》を鑽《き》れば弥ゝ堅《いよいよかた》し。之《これ》を瞻《み》るに前《まへ》に在《あ》り、忽焉《こつえん》として後《しりへ》に在《あ》り。夫子《ふうし》、循循然《じゅんじゅんぜん》として善《よ》く人《ひと》を誘《いざな》ふ。我《われ》を博《ひろ》むるに文《ぶん》を以《もつ》てし、我《われ》を約《やく》するに礼《れい》を以《もつ》てす。罷《や》めんと欲《ほつ》すれども能《あた》はず。既《すで》に吾《わ》が才《さい》を竭《つ》くす。立《た》つ所《ところ》ありて卓爾《たくじ》たるが如《ごと》し。

之《これ》に従《したが》はんと欲《ほっ》すと雖《いへど》も、由末《よしな》きのみ。

【現代語訳】 顔淵がほっとため息をついて言った。「仰げば仰ぐほどいよいよ高く、切りこめば切りこむほどかたく感じられる。前におられるかと思えば、たちまち後に立っておられる。先生は順序よく人を導かれ、学問で私の学識を広め、礼によって知識を整理させてくださる。私は学問をやめようと思ったが、どうしてもやめられない。私の才能はすっかり出しきってしまったが、先生は新しいものを樹立され、はるかなかなたから、私をまねいているように思われる。おそばに近づきたいと思うが、そのすべがございません。」

【語釈】

○喟然＝嘆息するさま。
○鑽＝きりこむ。玉や石に穴をあけること。
○忽焉＝たちまち。一瞬に。
○循循然＝一つ一つ順序を追っていくさま。
○博我以文＝学問で見識を広める。
○約我以礼＝礼の実践によって知識を整理する。
○卓爾＝高くそびえ立つさま。「卓」は皇疏「高遠の貌」、朱注「立つ貌」。
○末由＝末は無と同じ。由は手がかり。

【解説】

顔回が孔子をたたえた、この章に孔子の人物像の本質の一端をうかがうことができる。孔子は生涯学び続け、精進することによって停滞することなく、進展させていっている。顔回は必死に理解し受容しようとする。禅語の「啐啄同時」という、親鳥が外から殻をつつい破ぶることと雛鳥が内側から殻をつつくのとを同時に一致させるという言葉にあるように、師弟ともに学び成長する、緊迫感あふれる師弟の雰囲気が伝わってくる章である。ところで、顔回が述べている「博我以文、約我以礼」は孔子の弟子たちに向って述べている言葉として『論語』

にしばしば見える。雍也篇には「君子は博く文を学びて、之を約するに礼を以てす。亦以て畔《そむ》かざる可し」そして顔淵篇では「君子」の語を除いて、すべて内容が同じである。

孔子の基本的な学問観は、広い知識と教養をもち、それらの知的なものを集約するものとして、礼（理想をめざした正しい生活）を求めていたのである。「学びて思はざれば則ち罔し、思ひて学ばざれば則ち殆し」（為政篇）とも密接な関係がある。顔回は孔子の学問や教えの本質をとらえ、そして、そこから礼の実践力を培い、「君子」の理想像へと精進しようとしたことが、理解される章である。

一一　子《ノ》疾病《ナリ》。子路使《ム》二門人《ヲシテ》一為《ラ》レ臣。病間《ナルトキ》曰《ハク》、久《シイ》矣哉、由之行《フ》レ詐《リヲ》也。無《クシテ》レ臣而為《ス》レ有《リト》レ臣。吾誰《ヲカ》欺《カン》。欺《カン》レ天《ヲ》乎。且予与《リハ》三其《ノ》死《ナン》二於臣之手《ニ》一也、無寧《むしろ》死《ナン》二於二三子之手《ニ》一乎。且予縦《ヒ》不《ルモ》レ得二大葬《ヲ》一、予死《ナン》二於道路《ニ》一乎。

子の疾病《やまひへい》なり。子路《しろ》門人《もんじん》をして臣《しん》たらしむ。病《へい》、間《かん》なるとき曰《い》はく、久《ひさ》しいかな、由《いう》の詐《いつは》りを行《おこな》ふや。臣《しん》無《な》くして臣《しん》有《あ》りと為《な》す。吾誰《われたれ》をか欺《あざむ》かん。天《てん》を欺《あざむ》かんか。且予其《かつわれそ》の臣《しん》の手《て》に死《し》なんよりは、無寧二三子《むしろにさんし》の手《て》に死《し》なんか。且予縦《かつわれたと》ひ大葬《たいさう》を得《え》ざるも、予道路《われだうろ》に死《し》なんや。

【現代語訳】　先生の病気が危篤であったとき、子路が門人を孔子の臣にしたてて葬儀の役割をつとめさせようとした。病状が回復して小康を得ると先生が言われた。「子路よ、私が病状が重く危篤の間、そのようなでたらめを長くやっていられたものだよ。家臣もいないのに家臣がいるようにふるまったりして。そのようなことをして、誰をだまそうというのだ。天までもだまそうというのか。私は臣の手で死ぬよりも、弟子たちの手にいだかれて死にたいものだ。私はりっぱな葬式がしてもらえなくても、道路でのたれ死にすることはないのだからな。」

【語釈】

○疾病＝病気が重くなったこと。

○子路使門人為臣＝子路が（孔子の葬式をりっぱにしようとして）門人たちを臣にしたてて役割分担をした。

○病間＝病気が小康を得る。

○行詐＝臣がいないのに臣がいるように見せかけること。

○吾誰欺＝私に誰をだませというのか。

○且予与其死於臣之手也、無寧死於二三子之手乎＝大夫として家臣にみとられて死ぬより、むしろおまえたちの世話を受けて死ぬほうがよい。

○大葬＝りっぱな葬式。

【解説】

子路は先生が危篤におちいったのを見て、いてもたってもいられない気持ちになり、そして、先生の死を鄭重にあつかうために、かって魯の国で宰相代理をつとめた先生は、大夫として葬儀をするのが、一番ふさわしい葬いだと早合点したのである。そのために門人たちに臨終から葬式の儀式を臣下の礼に基づき世話役をつとめさせようとしたのである。孔子が危篤状態で、意識が充分行きわたらないとき、子路がでたらめなことをしていた。意識がよみがえってから気がつき、臣のいない身分なのに臣のあるように偽ったことを、人間はだませても、天はだませないと、厳しい口調で諭している。けれど弟子たちへの愛情を忘れない孔子の人間像がみごとにあらわされている。

一二　子貢曰《ハク》、有《リ》レ美二玉於斯《ニ》一、韞《メテ》レ匵《ニ》而蔵《センカ》レ諸《ヲ》、求《メテ》二善賈《ヲ》一而沽《ランカ》レ諸《ヲ》。子曰《ハク》、沽《ラン》レ之《ヲ》哉、沽《ラン》レ之《ヲ》哉。我待《ハツ》レ賈《ヲ》者也。

子貢《しこう》曰《い》はく、斯《ここ》に美玉《びぎょく》有《あ》り、匵《とく》に韞《をさ》めて諸《これ》を蔵《ざう》せんか、善賈《ぜんこ》を求《もと》めて諸《これ》を沽《う》らんか。子《し》曰《い》はく、之《これ》を沽《う》らんかな、之《これ》を沽《う》らんかな。我《われ》は賈《こ》を待《ま》つ者《もの》なり。

【現代語訳】　子貢が言った。「ここに美しい玉があるとします。箱におさめて大事にしまっておきましょうか、それとも、よい買い手をさがして売りましょうか。」先生が言われた。「売ろうよ、もちろん売ろうよ。私は買い手を待っているのだよ。（世に出て活躍したいものだ）」

【語釈】

○韞匵＝「韞」は古注・新注ともに「蔵する也」。「匵」は「ひつ」で箱の類。

【解説】

「沽之哉」について古注と新注では、解釈が異なっている。

古注は「之を沽らん哉《や》、之を沽らん哉《や》」と反語としてとらえ「ものほしそうに売るようなことはしないよ、よい値段や買い手がくるまでは」「衒売《げんばい》（実物の価値以上にほめあげて売る）せざるの辞なり。我居りて賈《こ》（商人）を待つなり」と解釈する。

新注は「之を沽らん哉《かな》、之を沽らん哉」と感嘆の言葉として、「売りますとも、売りますとも、私は買い手を待っているのだ」と解釈する。

この二説は、孔子の年齢をどうとらえるかによって違いがでてくる。新注の解釈は孔子が五十歳頃、魯の国で定公に抜擢される以前だとすると、子貢は、三十一歳孔子より年少であるので、十九歳となる。入門したばかりの若い子貢が、商売にたとえて孔子の意志を尋ねている。それに対して孔子が子貢にユーモアたっぷりに答えているとする。一方、古注の解釈は、魯国で宰相代理の経験をした孔子の諸国遍歴の旅の後半から魯国に帰った六十代後半の孔子に子貢がもう一度仕官するかどうかを尋ねた。孔子は仕官したいが、仕官するにもこちらから君主のところにおしかけて職を求めるのではなく、君主の招きがあって、仕官するので、それまで待っているのだと控えめな態度を示していると解釈する。

一六　子、在《リテ》二川《ノ》上《ニ》一曰《ハク》、逝《ク》者《ハ》如《キ》レ斯《クノ》夫。不レ舎《カ》二昼夜《ヲ》一。

子《し》、川《かは》の上《ほとり》に在《あ》りて曰《い》はく、逝《ゆ》く者《もの》は斯《か》くの如《ごと》きか。昼夜《ちうや》を舎《お》かず。

【現代語訳】　孔子が川のほとりで言われた。「過ぎ去っていくものはみなこのとおりだなあ。昼も夜もとどまらず流れていく。」

【語釈】

古注では過ぎ去った時は二度とかえらぬように年をとっていくことを嘆くと解釈する。宋以後の新注では水が一ヶ所にとどまらぬように人間は進歩、発展していくと解釈する。

○逝＝古注の包咸は「往也、凡そ往く者は川の流れの如し」という。鄭玄注では、「人の年の往くこと水の流れ往くが如きを言う。道有りて用ゐ見《ら》れざるを傷む也」と解釈し、梁の皇侃等とどまることのない年の流れの中で、空しく老いゆくわが身を孔子が嘆いたとする。

これに対して、朱子の新注では「天地の化、往く者は過ぎ、来たる者は続く。一息の停《とど》まること無し。乃ち道体の本然なり。然れども其の指して見易《やす》かるべき者は、川の流れに如《し》くは莫し。故に此に於て発して以て人に示す。学ぶ者は時時省察して、毫《ごう》髪の間も断ゆること無きを欲す」ととらえる。

【解説】

この章は「川上の嘆」として有名であるが、古注と新注とでは、真反対の解釈をする。孔子が流れゆく川を見ながら述べた言葉であるが、古注では川の流れのように人間は年をとり過ぎ去った時はかえってこないことを嘆くと解釈する。鄭玄は「道有りて用ゐ見《ら》れざるを傷む」と不遇な境遇を悲観すると言っている。この厭世的な孔子像を百八十度転回して、宋代以降では積極的な解釈をとり入れている。

天地の活動は昼も夜も一刻も停止することはない。これは川の流れによって示されている。それは無限に続き発展するものであり、人間もその持続と発展のなかにいる。だから学ぶ者は一瞬もおこたらず自己反省をして発展させるべきであると解釈する。「人間の進歩に対する希望の言葉」（吉川幸次郎）との視点にたつ積極的な意味としてとらえる。

この両説に対する解釈の違いについて貝塚説では「孔子が川の岸に立って不遇なうちに年老いてゆくのを嘆いたという解釈がもっとも適切なようである。この句を人生の前進にたいする積極的な意義によんだ宋代以降の解釈は、もちろん原義からはずれてはいるが、孔子の思いも及ばなかった新解釈をうち出した点において驚嘆に値する。宋代の新興儒教のエネルギーの発露といえるであろう。」と両説を折衷する適切な視点を提示する。

付録一　補遺

学而五　子曰、道千乗之国、敬事而信、節用而愛人、使民以時。

子曰《しい》はく、千乗《せんじょう》の国《くに》を道《をさ》むるには、事《こと》を敬《つつ》しみて信《しん》あり、用《よう》を節《せっ》して人《ひと》を愛《あい》し、民《たみ》を使《つか》ふに時《とき》を以《もっ》てす。

【現代語訳】先生が言われた。「諸侯の国を治める心がけは、政令を発布するには、慎重にして必ず実行する。むだな費用は節約して、民衆の身になって考える。民衆を労役に使うときには、農閑期を選ぶこと。」

【語釈】〇道＝古注・朱注では「道」は「治」とある。国を治める心がけのこと。一本に「道」を「導」とする。〇千乗之国＝兵車千台を出すことのできる国。諸侯の国。天子は万乗。諸侯は千乗。大夫は百乗。兵車一乗には馬四頭、甲士三人、歩卒七十二人、炊事係十人、被服係五人、馬係五人、薪炭汲水係五人、計百人がつく。〇敬事而信＝政事を行うのに自ら戒め慎しみ、民衆を欺くことがない。この解釈について、次のようなとらえ方の違いがある。木村英一…気をつけて事務を執行する。民から信頼されること。金谷治…事業を慎重にして、信義を守る。宮崎市定…事業をできるだけ、ひかえめにして公約を守る。吉川幸次郎…「事」の字の具体的な内容は、あまり明らかでない。「信」の字は人民に信義を失ってはならない。〇節用而愛人＝国の財政を節約して、民衆の身になって考えること。〇使民以時＝人民を国の土木工事や軍事行動の仕事に使うには、農閑期を選ぶ。

【解説】この章では、政治を治める心がけを説いているが、何よりも大切なのは、人民であると、何晏の集解で引く包咸の注、宋の朱熹の注で述べている。

【参考】貝塚説では、殷・周王朝から、春秋・戦国時代の半ばすぎまでは、四頭立ての戦車に乗った戦士によって戦闘が行われ、国家の実力は何乗の戦車を出せるかによって測られた。春秋時代の初期には、千乗の国家は大国中の大国であったが、春秋の末期の孔子の時代には、覇者の晋は一回の戦闘に四千乗も出兵している。

学而八　子曰、君子不重則不威。学則不固。主忠信、無友不如己者。過則勿憚改。

子曰《しい》はく、君子《くんし》、重《おも》からざれば則《すなは》ち威《ゐ》あらず。学《まな》べば則《すなは》ち固《こ》ならず。忠信《ちゅうしん》を主《しゅ》とし、己《おのれ》に如《し》かざる者《もの》を友《とも》とすること無《な》かれ。過《あやま》たば則《すなは》ち改《あらた》むるに憚《はばか》ること勿《な》かれ。

【現代語訳】先生が言われた。「君子はどっしりとかまえていないと威厳を失う。学問をすれば、発想や考えが豊かになる。

人にまごころをつくし、言行に誠実さがあり、（人間的に信頼できず、尊敬できない）徳が及ばない人とは友だちになってはならない。あやまちがあれば、すなおに認めて改める。」

【語釈】 不重則不威＝どっしりとかまえていないと、威厳を失う。○学則不固＝学問をすれば、かたくなでなくなる。古注では「固は蔽なり」という。頑固の意味。新注では「固は堅固たり」という。君子は重厚でなければ威厳がない。そして「その学問も堅固ではない」という。○主忠信＝人にまごころを尽すことに専心する。「忠」は自分のまごころを尽すこと。良心的であること。「信」は言行に誠実さのあること。人を裏切らないこと。○無友＝友だちとしてはならない。○不如己者＝自分に及ばない者。○過則勿憚改＝あやまちがあれば、すなおに認めて改める。

【解説】「無友不如己者」というのは、「よい友だちをもち、悪い友だちをもつな」という意味であるが、考え方によっては疑問が多くなる。

一、自分と同じ程度の人間でなければ友人になれない。

二、個人的に自分に及ばないことがあれば、友人にしてはいけない。

など、差別的な発言としてとらえられるおそれがある。これに対して木村英一説では「孟子が万章に答えた言葉（『孟子』万章篇下）に「友なる者はその徳を友とするなり」とあるのは参考にすべきである。（……）徳、すなわち人格的に相互に信頼でき、尊敬できる点で交わるところの人間関係だというのである。してみれば、「己に如かざる者を友とすること無かれ」とは人格的に信頼できず、尊敬できないような相手とは、友人関係を結ぶな、ということになる。」と述べている。

学而一〇　子禽問於子貢曰、夫子至於是邦也、必聞其政。求之与、抑与之与。子貢曰、夫子温良恭倹譲、以得之。夫子之求之也、其諸異乎人之求之与。

子禽《しきん》、子貢《しこう》に問《と》ひて曰《い》はく、夫子《ふうし》の是《こ》の邦《くに》に至《いた》るや、必《かなら》ず其《そ》の政《まつりごと》を聞《き》く。之《これ》を求《もと》めたるか、抑々之《そもそもこれ》を与《あた》へたるか。子《し》貢曰《こうい》はく、夫子《ふうし》は温良恭倹譲《をんりやうきようけんじやう》、以《もつ》て之《これ》を得《え》たり。夫子《ふうし》の之《これ》を求《もと》むるや、其《そ》れ諸《こ》れ人《ひと》の之《これ》を求《もと》むるに異《こと》なるか。

【現代語訳】子禽が子貢に尋ねた。「孔先生は、どこの国へ行っても、訪問した国の君主が政治について孔先生に相談をしています。これは孔先生がもち出したのか、あるいは諸侯がもちかけたのか、いずれでしょうか。」子貢が答えた。「うちの先生はおだやかで、すなおな良い心をもち、うやうやしく、つつましやかでひかえめなお人柄で、訪れた君主がついついうちの先生に相談をもちかけるのです。うちの先生は他の遊説家の求め方と違い、自分から売りこむようなことはなさらないのですよ。」

【語釈】 ○子禽＝姓は陳、名は亢《こう》。子禽はその字。孔子の弟子とも、子貢の弟子ともいう。○子貢＝姓は端木《たんぼく》、名は賜《し》。子貢はその字。孔門十哲の一人で「言語には、宰我《さいが》・子貢」と認められている。○夫子＝わが孔先生、うちの先生の意。門人が孔子を尊敬して呼称しているうちに、一般化して「先生」の意味に使われるようになったもの。○是邦＝どこの国でも。○必聞其政＝訪問した国の君主が政治について相談する。「其の政を聞く」→意味内容からすれば、「其の政を聞かる」と受身形で読むべきところである。○求之与＝孔子からもちかけたのか。○抑与之与＝諸侯からもちかけられたのか。○温良恭倹譲＝温は温和、おだやかさ。良はすなおな良い心。恭は恭敬、うやうやしさ。倹は節度、つつましやかさ。譲は謙遜、ひかえめなこと。木村説によれば「この章は、論語が斉に流伝した後に補われた疑いがある」とし、「良」という徳目は論語ではこの章の一例だけであるが、孟子に多く見られるという。○異乎人之求之与＝他の人の求め方とは違っているのではなかろうか。

【解説】「温・良・恭・倹・譲」について、諸説を挙げてみる。

	朱子	仁斎	徂徠	吉川幸次郎
温	和厚	和厚	その容なり	おだやかさ
良	易直	易直	その材なり	すなおさ
恭	荘敬	致敬	その己を処するなり	うやうやしさ
倹	節制	無飾	その用を制するなり	つつましやかさ
譲	謙遜	謙遜	その人に接するなり	ひかえめ

宋の謝良佐は

学者は聖人の威儀の間を観てもまた徳に進むことができる。子貢は善く聖人を観たとも言われるし、善く徳行について述べたとも言われる。今、聖人を去ること千五百年になるが、この五徳をもって孔子の姿や様子を想像してみると、人の気持ちをふるいたたせるものをもっている。まして、身近で親しみ感化を受けるものにとってはなおさらである。

と述べている。吉川幸次郎氏はこの章について問答の言葉のありさまをその口語のままに写そうとした努力が、顕著であると次のように主張している。

ところで、この章で、もう一つ注意すべきことは、問答の言葉のありさまを、その口語のままに写そうとした努力が、顕著なことである。それは、この書物に、時どきあらわれる現象であり、この書物が、「論語」、すなわち、対話篇、と呼ばれる理由も、そこにあるであろうが、現象は、この章において、とくに顕著である。殊に、最後の、夫子之求之也、其諸異乎人之求之与、は、意味の必要のためには、たとえば、夫子求之、異人求之、だけでも、充分であろうが、助字、つまり意味の充足のためよりもリズムの充足のための補助の字、であるところの、之《し》が、四度もはさまれて、リズムをなだらかにし、活潑にしている。また、其諸《きしょ》、の二字も、言葉にいきおいを与えるための、純粋にリズムのための、助字であり、其《そ》れ諸《こ》れ、と訓ぜられる。

学而一一　子曰、父在観其志、父没観其行。三年、無改於父之道、可謂孝矣。

子曰《しい》はく、父在《ちちいま》せば其《そ》の志《こころざし》を観《み》、父没《ちちぼっ》すれば其《そ》の行《おこな》ひを観《み》る。三年《さんねん》、父《ちち》の道《みち》を改《あらた》むること無《な》きを、孝《かう》と謂《い》ふべし。

【現代語訳】先生が言われた。「父が生きている間は、（日常の御世話ばかりでなく）父の志を察して満足してもらえるようにする。父の死後は生前の行動や功績をよく見きわめて、死後の孝養をつくす。三年の喪中に父のやり方を変えないようであれば、孝行だと言ってよい。」

【語釈】○父在＝両親（父母）の存命中。○観其志＝意向やかくれた意志をよく観察する。○父没＝両親の死後。○観其行＝行動や行跡をよく見る。○三年＝父母の喪にある三年。○父之道＝父母が平生行っていたこと。一家の年中行事やしきたり等の家風と言われるものから、社会的な活動、対人関係等のあり方。○可謂孝矣＝これが実行できたなら、孝行だといえるのだ。

【解説】現代語訳の解釈は一般的な通説である。古注・新注ともに、子どもの人間性を見きわめるという解釈をする。つまり、孝子は父の在世中に、親の命に背けないので、行動の奥にある子どもの本心を読みとる。父の死後は子どもは自由になるので、行動を見れば、孝子かどうかがわかるという。古注・新注ともに「其志」は子どもの志望・「其行」は子どもの行動として、子どもがどのように親に孝をつくすかを「心」と「行動」を観察すると説く。

為政篇の孟懿《い》子が孝を問う章では「生きては之に事《つか》ふるに礼を以てし、死しては之を葬《はう》むるに礼を以てし、之を祭るに礼を以てす」とある。孔子が孝を説く場合、親に対して日常の食事や世話をすることにあけくれず、志を養う（精神的な満足感を与える）ことを重視している。古注・新注の解釈では、現代の子どもに過保護となる親のあり方となってしまう。

ところで「三年の喪」は、士以上の身分の人は、父母の死に遭うと、足かけ三年（二十五ヶ月説、二十七ヶ月説）喪に服し、死後の孝養につとめる慣習が重要な礼として認められていた。

為政六　孟武伯問孝。子曰、父母唯其疾之憂。

孟武伯《まうぶはく》、孝《かう》を問《と》ふ。子曰《しい》はく、父母《ふぼ》は唯《ただ》其《そ》の疾《やまひ》を之《こ》れ憂《うれ》ふ。

【現代語訳】孟武伯さんが孝行のことを尋ねられた。先生が言われた。「父母は子どもの病気のことを心配される。（身をつつしみ、健康に気をつけて父母に心配をかけないのが孝行です)」

【語釈】○孟武伯＝魯の大夫。魯の国で権勢のあった三大夫の一つ孟孫氏(仲孫氏とも言う)の一族。名を彘《てい》。武は諡《おくりな》(死後の贈り名)。伯は長子の意。孟懿子《もういし》の子。孔子より年齢が若い世代の人である。○父母唯其疾之憂＝父母は子どもの病気のみを心配しているのであるから、健康であるのが孝行である。

【参考】「父母唯其疾之憂」の現代語訳は朱子の新注をもとにしているが、ほかにも次のふたつの解釈がある。

◇古注(馬融)「父母には唯《た》だ其《そ》の疾《やまひ》を之《こ》れ憂《うれ》へしむ」(父母には病気で心配かけるのはやむを得ないことであるが、それ以外では心配をかけないようにするのが、孝行です)

◇仁斎説「父母にはただその疾を之れ憂へよ」(子どもは父母の健康のことを気にかけて、老いさき短い父母が健康であることに注意すべきである。)

【解説】この孔子と孟武伯の問答は、孟武伯の父(孟懿子)が孔子七十一～二歳(哀公十四年)に没しているので、孔子が魯に帰国した六十八～六十九歳のあと、三年の間になされたものだと考えられる。

孝行というのは、父母に対して、子どもがどのように対処するかと考えるのが一般的であるので、朱子の新注の説を妥当とした。この章について「その疾」の「その」が「父母をさすのか」「子どもをさすのか」意見がわかれる。貝塚説では後漢の王充《おうじゅう》の『論衡』という本には「武伯は善く父母を憂う。故にただその疾をこれ憂えよ」といって、武伯に父母の病気を心配せよといったと解している。」との説をとる。その根拠として

孟武伯の祖父の孟僖子《もうきし》が、前五三五年、昭公のお供をして楚《そ》に行ってから病気となり、前五一八年死ぬとき遺命して、孟懿子に孔子について礼を学ばせた。その孫の孟武伯がまた孔子に孝行のことをきいた。おそらく孟懿子も病身であったのであろう。その生前に武伯が孝行のことをたずねられたのであるから、病身の父のことだから、そのからだのことを心配しろといったのはほんとうに自然である。私が、王充の解釈をとったのは、馬融の説よりは歴史事実によく一致しているからである。

と主張する。

為政七　子游問孝。子曰、今之孝者是謂能養。至於犬馬皆能有養。不敬何以別。

子游《しいう》、孝《かう》を問《と》ふ。子曰《しい》はく、今《いま》の孝《かう》は是《こ》れ能《よ》く養《やしな》ふを謂《い》ふ。犬馬《けんば》に至《いた》るまで皆能《みなよ》く養《やしな》ふこと有《あ》り。敬《けい》せずんば何《なに》を以《もつ》て別《わか》たんや。

【現代語訳】子游が孝についてたずねた。先生が言われた。「今の孝行は、父母を不自由させず養っているととらえている。私たちは犬や馬にも食べものを与えて養っている。敬う気持ちがなければ、人間と動物の区別がつけられるだろうか。」

【語釈】○子游＝孔子の門人。姓は言、名は偃《えん》。子游はその字。四十五歳年少。○今之孝者＝このごろの孝行は。○是謂能養＝よく親を養えばよいことだとしている。○至於犬馬皆能有養＝人間は犬や馬でもりっぱに養っている。一説に古注の包《ほう》咸《かん》注によれば、「犬は家の番をし、馬は労力を提供する」と孝行といっても物質的な奉仕で、子の親に対する孝行は、敬愛の情を伴ったものであるとする。○不敬何以別＝尊敬の気持がなければ、犬や馬を養うことと区別することができようか。

【解説】子游は孔門十哲として「文学には子游と子夏」（先進篇）と言われ、孔子と遍歴放浪の旅をともにした優れた門弟であった。子游は礼の専門家で礼儀に詳しかったけれど、礼儀作法の末節にこだわる傾向があった。子張篇では子夏と子游が「洒掃《さいそう》・応対《おうたい》・進退《しんたい》（拭《ふ》き掃除・客の応対・儀式の動作）」に関して（多分孔子没後のことであろうが）彼らの弟子への指導のあり方について論争している。

　子游は武城の宰《さい》（長官）をして、忠実に孔子に学んだ政治実践をしていた。魯の一都市にしては大袈裟な王室の礼式に匹敵する音楽を用いた「弦歌之声」の政治を行い、孔子から「割鶏焉用牛刀（鶏を料理するのに牛刀を用いることがあろうか）」と言われた。子游は孔子に教えられた通りに実践したと、ムキになって抗弁したので、孔子は子游をたてて、若い弟子たちに冗談を言ったのだと是認している。やや形式や礼儀作法の末節にとらわれる子游に対して、父母に対する尊敬の念がなければ、孝行にならないとたしなめている。

為政一二　子曰、君子不器。

子《し》曰《い》はく、君子《くんし》は器《き》ならず。

【現代語訳】先生が言われた。「君子はある用途のためだけに有効な器のようであってはならない（一芸一能だけの専門家であってはならない）。」

【語釈】○器＝器物または道具。器物、道具は一定の特殊な用途があるが、他のことには役立たない。

【参考】この章について解釈の諸説を提示してみる。

◇貝塚茂樹「りっぱな人間は、けっしてたんなる専門家ではいけないものだ。」

◇宇野哲人「人格の完成した人は器物がただ一つの用に立つだけで他に通用のできないようなものではない。」

◇金谷治「君子は器《うつわ》ものではない。（その働きは限定されなくて広く自由である）」

◇加地伸行「教養人は一技・一芸の人ではない。［大局を見ることのできる者である」器物を「特殊の用に役立つのみ」とせず、技術的・実用的・日常的なこととし、君子はもっと精神的・内面的であれとする解釈がある。」

◇吉川幸次郎「すべて器物というものは、ある用途のためにつくられ、その用途のためにのみ有効である。梁の皇侃の「義疏」にいう、舟は海に浮かべるが山に登れない。車は陸を行けるが、海をわたれない。紳士はそうあってはならない。」

【解説】この章の「君子は器ならず」という孔子の言葉は、「弟子の子貢が孔子に（子貢の好評価を期待して）どんな人間かと尋ねた。孔子は「女《なんぢ》は器なり」と評して、あわてて「どのような器ですか」と子貢が聞き、「瑚璉《これん》（宗廟の祭祀に用いる重要な器）だ」と孔子に言われ子貢が安堵した。」という話（公冶長篇三P.70）と関連させて解釈されている。

ところで、この章の「君子」について政治的にとらえると、君主や貴族などの支配階層ととらえ、士（一般官吏）や庶民は「器」をもたなければならないが君子はさまざまな器を使いこなす立場にあるので、特定の技術者であってはならないと解釈される。

現代的にどうとらえるか。桑原武夫氏は次のような意義づけをする。

「不器」の説は、マックス・ウェーバーが中国社会の停滞性の原因として、はげしく批判するところだが、一方、ルソーが『エミール』で力説した全人教育の線に連らなるものである。今日でも問題をはらんでいる。「専門ボケ」などという言葉の流行がそれを示している。しかし、文明を否定して老荘主義にもどることが不可能である以上、「不器」とは特定階層の人々にとってのみの専門技能の否定ではなく、すべての人が技能を当然持ちながら同時に広い視野と行動力を持ちうるようでありたいという希望を示すものと、今日では受けとっておきたい。

為政一五　子曰、学而不思則罔。思而不学則殆。

子《し》曰《い》はく、学《まな》びて思《おも》はざれば則《すなは》ち罔《くら》し。思《おも》ひて学《まな》ばざれば則《すなは》ち殆《あや》ふし。

【現代語訳】先生が言われた。「学習するだけで、自分で考えなければ、はっきりと理解したことにはならない。自分で考えているだけで、学習しなければ（一人よがりになり）危険となる。」

【語釈】○学＝（人類にとってすぐれた経験の集大成である）先王の道について書物や先生から教えられ、習い知ること。○思＝思索する。自主的に考え判断する。○罔＝学んだことが明らかにならないこと。古注では「罔《ぼう》然として得る所無し」

とし、「ぼんやりとして明確な理解がない」という意味にとらえる。新注では「昏《くら》くして得るなし」とし、「理解が行きとどいていない」。「罔」については古・新注ともに意味の違いはほとんどないが、木村説では『論語』における罔は「誣《ふ》罔《もう》」で「いつわる・ごまかす」の意味が含まれているとする。
○殆＝独断におち入り危険となる。古注では「倦殆《けんたい》」として「つかれる」「なにも得ることなく疲労するだけである」。新注では「危殆《きたい》」として「危険で精神が不安定となる」の意味とする。

【解説】この章は衛霊公篇の「子曰はく、吾れ嘗《かつ》て終日食はず、終夜寝《い》ねず、以て思ふ。益無し。学ぶに如かざる也」の孔子の体験を総合して、対偶表現にして体系的な思惟と経験を統合した内容に昇華したと考えることができる。このことについて貝塚氏は「西洋における経験論と合理論の対立を連想させる」として

　この孔子のことばは「知識は経験とともにはじまるが、思《し》惟《い》がなければ盲目となる」として、経験論と合理論とを総合したカントの批判哲学を思いおこさせる。孔子以前の中国に経験論と合理論との対立があったわけではないから、カントのように理論的ではないけれども、一方的な立場を固執しないで、たえず両面からものをながめる孔子の立場は、慎重なカントの理論的立場に通ずるものがあることは争えない。

との主張を展開する。

為政一六　子曰、攻乎異端斯害也已。

子《し》曰《い》はく、異《い》端《たん》を攻《をさ》むるは斯《こ》れ害《がい》あるのみ。

【語釈】○攻＝古注「攻は治なり」新注「攻は専治なり」。

【参考】「異端」について、諸説があるのと同時に、現行の諸注釈書の現代語訳を紹介してみたい。

吉田賢抗＝本筋を離れた学説を学ぶことは、益が無いばかりでなく、むしろ弊害があるばかりだ。

木村英一＝すじ違いの学問をすると、ろくなことはないなあ。

宮崎市定＝新しい流行の真似をするのは、害になるばかりだ。

吉川幸次郎＝異端邪説（正しくないことがはじめからはっきりしている学説）を研究することは百害あって一利なしである。

清朝の戴震《たいしん》説をとりあげた貝塚説では次のような解釈をする。

　学問は一つの専門に打ちこむと精密になり成功するが、一度に二つの端から別々の学問を兼修すると、ものにならない。『異端を攻《をさ》める』とは反物を一度に両方から巻き始める。

これは他の通釈とは異なった説となっている。

【解説】 この章は「異端」をどうとらえるかによって解釈が異ってくる。新注では「異端は、聖人の道に非ずして、別に一端を為す。楊（朱）・墨（翟《てき》）の如きは是れなり」と聖人の道にはずれて別に一派をなす楊朱・墨翟の学説とする。楊・墨と激しく討論するのは孟子の時代で、『論語』では隠者によって孔子の生き方が批判されており、微子篇には孔子と意見を異にして自己の信念を披歴する接輿・長沮・桀溺・荷蓧の丈人が掲載されている。

皇侃《おうがん》は「雑書」とし、仁斎は当時の方語（俗語）であり、ものの端がまちまちで揃わぬこととする。貝塚説はその延長上にあると考えることができる。

今日的な立場で諸説をまとめ考察してみると桑原武夫氏の次の説が適切・妥当だと考えられる。

いろいろまちまちな異説が多いのを、無理に調節して折衷理論を作り出してみても、それは言葉の上だけのことで、生活の実践には役に立たないばかりか、机上の空論としてむしろ有害だ、ということではなかろうか。

為政一八　子張学干禄。子曰、多聞闕疑、慎言其余、則寡尤。多見闕殆、慎行其余、則寡悔。言寡尤行寡悔、禄在其中矣。

子張《しちやう》、禄《ろく》を干《もと》めんことを学《まな》ぶ。子曰《しい》はく、多《おほ》く聞《き》きて疑《うたが》はしきを闕《か》き、慎《つつ》しみて其《そ》の余《よ》を言《い》へば、則《すなは》ち尤寡《とがめすく》なし。多《おほ》く見《み》て殆《あや》ふきを闕《か》き、慎《つつ》しみて其《そ》の余《よ》を行《おこな》へば、則《すなは》ち悔寡《くいすく》なし。言《げん》に尤寡《とがめすく》なく行《おこな》ひに悔寡《くいすく》なければ、禄《ろく》は其《そ》の中《うち》に在《あ》り。

【現代語訳】 子張が禄（俸給）にありつける方法についてたずねた。先生が言われた。「たくさんのことを聞いて疑わしいものをとり除き、慎重にその他のことだけを口にしていると、人から非難されることが少なくなってくる。たくさんのことを見て、不確かなことを省いて慎重に行動すれば、後悔することが少なくなってくる。言葉にあやまちが少なく、行動に後悔が少なければ、自然に禄（俸給）がいただけるようになるものだよ。」

【語釈】 ○子張＝姓は顓孫《せんそん》、名は師《し》。字は子張《しちよう》。○学干禄＝俸禄にありつくことを学ぶ。「禄」は俸禄で、仕官することの意。鄭玄は「干は求なり、禄は禄位なり」朱子は「干は求なり、禄は仕ふる者の奉なり」○闕疑＝納得しないことは採りあげない。○慎言其余＝慎重に納得できることだけ言う。○寡尤＝人から非難されることが少ない。○闕殆＝不正確なことは採りあげない。○寡悔＝後悔することが少ない。

【解説】 孔子は衛霊公篇で「子曰はく、君子は道を謀りて食を謀らず。（……）君子は道を憂へて貧を憂へず」と述べている。孔子は政治実践に情熱をもやすが、耕やし食糧を求めようとしない。「耕作していても飢えることがあるが、学んでいれば俸禄は自然に得られる。君子は道のことは心配するが貧乏なことは心配しない」と述べている。

この章では消極的で慎重な禄の求め方を孔子は述べている。これは子張が若い弟子たちの中で、押し出しは堂々としていて、弁舌は達者で困難なことにも挑戦するが、やや誠実さに欠ける性格をもっているため、「師（子張）は過ぎたり、商（子夏）は及ばず」（先進篇）と「過ぎたる」人物の評を受ける子張に対して、「言を慎め、行を慎め」と子張の性格を知った上での戒めの言葉として考えたとき、この章の個別的な発言が普遍性をもって広がっていくことに納得できるはずである。

里仁二　子曰、不仁者不可以久処約。不可以長処楽。仁者安仁、知者利仁。

子曰《しい》はく、不仁者《ふじんしや》は以《もつ》て久《ひさ》しく約《やく》に処《を》るべからず。以《もつ》て長《なが》く楽《らく》に処《を》るべからず。仁者《じんしや》は仁《じん》に安《やす》んじ、知者《ちしや》は仁《じん》を利《り》とす。

【現代語訳】先生が言われた。「不仁者（仁の徳を体得していない人）は、長期にわたって困難な生活をつづけることができない。また、長く安楽な生活に耐えられない。これに対して仁者（仁を体得した人）は、仁の徳がそなわり、人間らしい生活に満足し、知者（かしこい人）は仁の徳をうまく利用して、人間らしく生きることを知っている。」

【語釈】○不仁者＝仁の徳を体得していない人。○不可以久処約＝長い困窮の生活に耐えられない。「約」は困窮、財政・境遇における窮乏。○不可以長処楽＝長い安楽に耐えられない。「楽」は高貴な生活の楽しみ。○仁者安仁＝仁者は仁の徳におちついている。○知者利仁＝知者は仁の徳をうまく利用する。

【解説】『論語』において「貧」・「富」について、人間の日常生活及び日々の人間心理との関わりについて述べている。「貧にして諂《へつら》ふことなく、富みて驕《おご》ることなきは何如《いかん》」（学而篇）の子貢の問いは、まさにこの「貧富」による精神的な影響について孔子に尋ねている。孔子は貧富に関わらず学び徳を身につけ「君子」をめざすよう子貢に示唆している。ところが、「不仁者」は貧困の境遇に長く耐えられず、不義の行動や犯罪に走る。富貴の境遇においても自制心を失ない、驕りたかぶるか、自ら破滅をまねくことになる、と孔子は教養もなく、徳もない「不仁者」に対する憂慮の意を示している。『論語』における「仁者」「知者」について仁の理解・実践において深浅高下の差があるとする諸説があるが「仁者」・「知者」のとらえ方として伊藤仁斎の次の比喩はみごとに両者の違いを明確にしてくれている。

仁はたとえば身体における衣服や靴のようなもので馴れ

きっていてしばしも離せない。知者における仁は病人における薬、疲労者における車のようなもので、馴れ安んずるものではないが、そのよさを理解して捨てない。

桑原武夫氏は「知者は仁に関する理性的反省人であり、仁者は仁における自然的自由人であろう」と主張する。

里仁三　子曰、惟仁者能好人、能悪人。

子曰《しい》はく、惟仁者《ただじんしゃ》のみ能《よ》く人《ひと》を好《この》み、能《よ》く人《ひと》を悪《にく》む。

【現代語訳】先生が言われた。「仁者だけが、人を愛することもでき、人を憎むこともできる。」

【参考】陽貨篇に子貢が「人を憎むこと」について孔子に尋ねている。「子貢曰はく、君子も亦悪《にく》むこと有《あ》るか。子曰はく、悪《にく》むこと有り。人の悪《あく》を称する者を悪《にく》む。下流《かりう》に居《ゐ》て上《かみ》を訕《そし》る者を悪《にく》む。勇《ゆう》にして礼無き者を悪《にく》む。果敢《かかん》にして窒《ふさ》がる者を悪《にく》む。」

【解説】人間愛を希求する「仁者」が人を憎むことがあるだろうかという疑問をなげかけてみたくなるものである。孔門の弟子中の頭脳明晰で、頭の回転の良い子貢が孔子に尋ねている。「君子も人を憎むことがありますか。」孔子は当然だとばかりに「憎むことはある」と述べ、さらに「他人の悪を言いたてる人間、地位の低い立場にいながら上の人をそしる人間、勇気があるが礼儀のない人間、自己主張が強く人のことばを聞きいれない人間」と四種類の人間に対する悪感情を吐露する。

桑原武夫氏はこのことについて、次のように孔子を評している。

孔子はいざとなれば剣をとって立ちえた人であろう。彼は好悪の情を抑圧せよとはいわない。むしろ好悪の情の存在を肯定し、これを鍛錬することが道徳ではないか。そして人間についての真に正しい理論を体得した者のみが寸毫《すんごう》もあやまつところのない好悪を実践しうるのではないか。仁者とはそうした至高の境地に達した人をいうのである。男性的なすがすがしい教えである。

里仁九　子曰、士、志於道、而恥悪衣悪食者、未足与議也。

子曰《しい》はく、士《し》、道《みち》に志《こころざ》して、悪衣悪食《あくいあくしょく》を恥《は》づる者《もの》は、未《いま》だ与《とも》に議《はか》るに足《た》らざる也《なり》。

【現代語訳】先生が言われた。「道に志すほどの者は、粗衣粗食を恥ずかしく感じるようでは、ともに道を語るに足りない人物である。」

【参考】「士」について諸説をあげてみる。

◇貝塚説＝春秋末期の列国では、自由民である卿《けい》・大夫《たいふ》・士《し》・庶人《しょじん》の四つの身分の一つ。最下の貴族階級であり、一般自由民からの出身者が多かった。孔子の弟子は、たいてい武芸とともに学問で身を立てて、士からさらに大夫に出世しようという希望をもっていた。

◇金谷説＝教養人として社会的に重んじられる人物。

◇木村説＝周時代の封建的身分制は、天子・諸侯・卿《けい》・大夫・士・庶人（農・工・商を含む）という階層があった。士以上が官職に就き得る身分で、言わば支配層である。そして君子というのは、士以上の身分の人物に当然要求されるところの、国家社会の指導者たるにふさわしい優秀な人格と教養との所有者をいう。

【解説】この章について、立志修学の人は、学問に励み、道をきわめるために、粗衣粗食を恥としないで日々精進すべきであるとする清貧の奨励とする解釈がなされてきた。とくに旧制高校の弊衣破帽主義もこれに通ずるものだとされている。

顔回が「一箪《いったん》の食《し》、一瓢《いっぴょう》の飲《いん》、陋巷《ろうこう》に在《あ》り」（雍也篇）と学問精進に専念して、清貧にあまんじたことを孔子は激賞しているが、顔回という一弟子の特性であり、万人に孔子が求めていたのとは異なる。子貢が「賜《し》は命《めい》を受《う》けずして貨殖《くわしょく》す」（先進篇）と資産をふやしても、不義の富だと非難していない。つまり、衣食の問題は深い関心の対象としなくとも良い、つまり、第二義的なことに心を労してはならない程度にとらえるべきであろう。

里仁一一　子曰、君子懐徳、小人懐土。君子懐刑、小人懐恵。

子曰《しい》はく、君子《くんし》は徳《とく》を懐《おも》ひ、小人《せうじん》は土《ど》を懐《おも》ふ。君子《くんし》は刑《けい》を懐《おも》ひ、小人《せうじん》は恵《けい》を懐《おも》ふ。

【現代語訳】先生が言われた。「君子は人間らしく徳のあることを心にかけているが、小人はいつも土地に安住する。君子は法律や礼法にそむかないよう心をくだき、小人は恩恵を受けることばかりを考えている。」

【語釈】○懐徳＝道徳の世界をいつも心にかけている。○懐土＝安住の土地のことばかり考えている。○懐刑＝法律礼法にそむかないよう心をくだく。○懐恵＝恩恵を得ることばかり考えている。

「懐徳」～「懐恵」について諸注釈の解釈を掲げてみる。

懐徳（君子）
古注＝徳に安んずる
新注＝人間として固有の善を失うまいとする。
吉川説＝道徳
貝塚説＝道徳の世界

懐土（小人）
古注＝土地に安住して移りたがらない
新注＝住居に安住することに満足する
吉川説＝土地

懐刑（君子）
古注＝法制で民を治めることを考える
新注＝法をおそれて犯さぬように気をつける
吉川説＝刑罰を考える
貝塚説＝法の制裁を忘れない

貝塚説＝生まれ故郷
懐恵（小人）
古注＝恩恵を受けたいと考える
新注＝利益をむさぼることを考える
吉川説＝偶然の恩恵ばかりを考える
貝塚説＝主君の恩恵を忘れない

【解説】 この章について、二種の解釈のしかたがある。
一、君子と小人についての対比を説いたものとする。君子が安んずるのは道徳、小人が安んずるのは土地。君子が心がけるのは法則、小人が心がけるのは恩恵。
二、徂徠は原因、結果でつらなっているととらえる。「君子徳を懐へば、小人は土を懐ふ。君子刑を懐へば、小人は恵を懐ふ。」良い政治は君子が道徳を心がければ、その結果として支配下の小人は土地に安住する。悪い政治は君子が刑罰を心がけると、その結果として偶然の恩恵ばかりを心がける。と因果関係としてとらえる。

里仁一四 子曰、不患無位、患所以立。不患莫己知、求為可知也。
子曰《しい》はく、位《くらゐ》なきことを患《うれ》へず、立《た》つ所以《ゆゑん》を患《うれ》ふ。己《おのれ》を知《し》ること莫《な》きを患《うれ》へず、知《し》らるべきことを為《な》すを求《もと》むる也《なり》。

【現代語訳】 先生が言われた。「地位が得られないことを気にかけず、地位にふさわしい実力のないことを気にすべきである。自分を理解してくれないことを気にかけず、人に認められる実績をつくるように努力すべきだ。」

【語釈】 ○不患無位、患所以立＝地位が得られないことを気にかけず、地位にふさわしい実力のないことを気にかけよ。○不患莫己知、求為可知也＝自分を認める人がいないことを気にかけず、人に認められる実績をつくるよう努力せよ。

【解説】 孔子は『論語』の中で、くり返し他者の評価や賛辞を期待せず、自らを高め磨き、人間修養につとめ、人に認められる実績をつくるよう努力するよう述べている。「人知らずして慍らず、亦君子ならずや」（学而篇）をはじめとして、同類の章句がある。
「人の己を知らざるを患へず、其の無能を患ふる也《なり》」（憲問篇）
「君子は能《のう》無《な》きを病《うれ》ふ。人の己を知らざるを病へざる也《なり》」（衛霊公篇）
人間社会にあって「地位」につくことは、きわめて「富貴」という経済的豊かさや権力の行使できる立場につくことになる。しかしながら「地位」をめぐる悲喜劇を歴史の中に見出すので、例を挙げればきりなく、取りあげることができる。

孔子が希求したのは人類の社会における最高の理想の「仁」（人間らしさ）で、人間らしく生きることが、他のなにものにもかえがたい大切なものであると看破したところにある。そこに、『論語』の二千年以上の時を越えて読みつがれてきた魅力があるのである。

里仁一八　子曰、事父母幾諫、見志不従、又敬不違、労而不怨。

子曰《しい》はく、父母《ふぼ》に事《つか》へて幾諫《きかん》し、志《こころざし》の従《したが》はざるを見《み》れば、又敬《またけい》して違《たが》はず、労《ろう》して怨《うら》みず。

【現代語訳】先生が言われた。「父母につかえて、父母に過ちがあった場合には、角《かど》のたたないように、おだやかに諫《いさ》める。諫めたことが聞き入れられない場合には、敬意を失わないで仕えてさからわない。父母が苦労をかけても、うらみがましくしてはならない。」

【語釈】○幾＝古注・新注ともに「幾は微なり」。おだやかに遠まわしに進言する。○志＝父母の志。「志の従はざるを見る」は父母の気持が進言した言葉を聞き入れてもらえないこと。

【解説】家族のあり方として、わが国では少子化のために、子どもが横柄な態度をとり、父母が子どもの機嫌をとるという逆転現象が起っている。かつて子どもが親に対してこのような譲歩の態度をとるのは「孝」という子が親に対して接する態度あるいは、この世に生をさずけてくれた父母に対する感謝の行動・態度として当然なことだとされてきた。

「孝」を家族間の理想としてとらえた孔子は、親子のあり方について鋭い洞察力をもっている。一般に子は親離れをして「子は親を捨てることができるが、親は子を捨てることができない」、つまり親は子のことを忘れることができない。だからこそ、「子」は「親」が生きている間、そして死後三年の孝養をつくすのが「孝」だというのである。子の親に対するこころえとして『礼記』曲礼《きょくらい》篇では、「子の親に事《つか》ふるや、三たび諫《いさ》めて聴かれざれば、則ち号泣して之に従ふ」とある。

里仁二四　子曰、君子欲訥於言、而敏於行。

子曰《しい》はく、君子《くんし》は言《げん》に訥《とつ》にして、行《こう》に敏《びん》ならんと欲《ほっ》す。

【現代語訳】先生が言われた。「りっぱな人は、口べたであっても行動は敏速でありたいものだ。」

【語釈】○訥＝口ごもるさま。○敏＝機敏な行動。

【解説】この章について、弟子たちの言動と重ねて考えれば、納得されることが多いはずである。

まず宰我に対して、「昼寝した」ことを孔子が叱責したとされる章を考察してみると、孔子は「始め吾人に於けるや、其の言を聴きて其の行を信ず。今吾人に於けるや、其の言を聴きて其の行を観る。予に於いてか是《これ》を改む」と言っている（公冶長篇九、P.75）。宰我は弁舌のたつ、口達者の弟子で、孔子に対して反論し、師の意見を無理する言動があったらしい。

これに対して、顔回は孔子に「愚《ぐ》のごとし」と余計なことを言わず、真剣に聞き、師の教えを実行する、優れた実行力をもっていた（為政篇九、P.37）。

子貢が君子の心得について尋ねた為政篇では「先《ま》づ其の言を行《おこな》ひ而《しかう》して後に之に従《したが》ふ」と最初に実践してそのあとで言葉で表現せよと能弁な子貢を戒めている。また「古者《いにしへ》は言《げん》を出ださざるは、躬《み》の逮《およ》ばざるを恥《は》づれば也《なり》」（里仁篇）古代の人たちは、軽率にものを言わなかったのは、実行をともなわないことを恥としたからだ、と不言実行の教訓を述べている。本章と同じ趣旨である。

付録二　孔子の生い立ちとその生涯

襄公二十一年説 孔子在世七十四歳			襄公二十二年説 孔子在世七十三歳			
年齢	西暦	魯公在位年	年齢	西暦	魯公在位年	記事
一	前五五二	襄公二一	一	前五五一	襄公二二	孔子生まれる。
三	五五〇	二三	三	五四九	二四	父、紇卒す。
六	五四七	二六	六	五四六	二七	礼容を好み、祭祀のまねをして遊んだという。
一五	五三八	昭公四	一五	五三七	昭公五	学に志す。
一九	五三四	八	一九	五三三	九	宋の幵官《けんかん》氏の女《むすめ》と結婚する。
二〇	五三三	九	二〇	五三二	一〇	魯の委吏《いり》（穀物管理の役人）となる。長男鯉（字は伯魚）生まれる。
二一	五三二	一〇	二一	五三一	一一	司職吏《ししょくのり》（牧畜をつかさどる役人）となる。
二四	五二九	一三	二四	五二八	一四	母顔氏卒し、防（山東省）の父の墓所に合葬す。
三五	五一八	二四	三五	五一七	二五	周に往き、礼を老子に問う。
三六	五一七	二五	三六	五一六	二六	魯の国の乱れにより、斉に行く。斉の景公に政治のことを問われる。
三七	五一六	二六	三七	五一五	二七	斉より魯に帰る。
四八	五〇五	定公五	四八	五〇四	定公六	昭公が薨《こう》じて弟の定公が立ったが、季孫氏の勢力は主君をしのぎ、陪臣（天子の臣下である諸侯の臣）が国政をほしいままにして、大夫以下もみな正道を離れていたので、仕えず、退いて詩書や礼楽を修める。弟子はますます多くなり、遠方からも来るようになった。

五一	五〇二	八	五一	五〇一	九	陽虎が乱をおこしたが、敗れた。
五二	五〇一	九	五二	五〇〇	一〇	陽虎が斉に奔る。定公に召され、中都の宰（郡長）となる。ついで司空（民事をつかさどる官）となる。
五三	五〇〇	一〇	五三	四九九	一一	大司寇（司法長官）となり、定公の相として、斉と夾谷《きょうこく》に会し、魯の窮地を救い国威をあげた。
五五	四九八	一二	五五	四九七	一三	魯の宰相の職責を代行し、国政に参画するようになった。三か月で魯は大いに治まる。
五六	四九七	一三	五六	四九六	一四	斉が孔子の治政をおそれ、女楽（女子舞踊団）八〇人をおくり邪魔をした。魯公と季桓子がこれを受け朝政を廃し、非礼を行う。魯を去って衛に行く。
五七	四九六	一四	五七	四九五	一五	衛から陳に行く途中「匡人《きょうひと》の難」に遭い、衛に帰る。また去って曹を過ぎ、宋に行こうとして「桓魋《かんたい》の難」に遭った。その後鄭《てい》に行く。
五九	四九四	一六	五八	四九四	一六	陳に行き、三年間滞在した。
六二	四九一	哀公四	六一	四九一	哀公四	陳から蔡《さい》に移り、また葉《しょう》に行く。二、三年、陳・蔡の間を往来する。
六四	四八九	六	六三	四八九	六	陳・蔡の間に在って糧を絶つこと七日。楚の昭王が軍を興して迎える。また衛にいく。
六五	四八八	七	六四	四八八	七	衛に滞在すること二年。
六七	四八六	九	六六	四八六	九	衛から陳へいく。
六八	四八五	一〇	六七	四八五	一〇	陳から衛にいく。
六九	四八四	一一	六八	四八四	一一	季康子が父の遺言どおり、貢ぎ物をもって迎えてくれたので、衛から魯に帰る。
七一	四八二	一三	七〇	四八二	一三	長男鯉卒す。顔回死す。
七二	四八一	一四	七一	四八一	一四	哀公が西に狩して麟を得た。『春秋』を作る。
七三	四八〇	一五	七二	四八〇	一五	弟子の子路が衛に死す。子路の死を惜しんで中庭に哭す。
七四	四七九	一六	七三	四七九	一六	孔子卒す。魯の城北泗水《しすい》のほとりに葬られた。子貢は、三年の心喪が終わったあとも、墓の側に庵《いおり》すること三年の後去る。孔子の墓の周囲には集落ができ、孔里と呼ばれた。

付録三　孔子の弟子

子路　姓は仲、名は由、字は子路・季路。孔子より九歳年少。
　政事に優れる。軽率で粗暴な欠点をもつ反面、明朗で実直、人の好さを備えている。

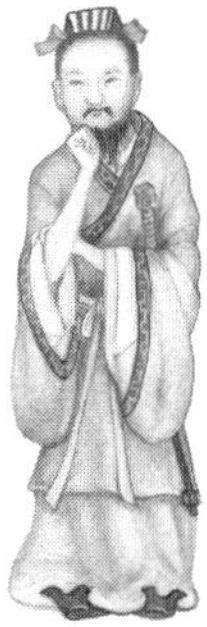

有若　姓は有、名は若、字は子有。孔子より十三歳年少。
　聡明で、孔子の思想を深く体得していたらしい。孔子没後、容姿言動が孔子に酷似していたので、孔子の身代わりに師事しようとする若い弟子がいた。

冉有　姓は冉、名は求、字は子有。孔子より二十九歳年少。
　政事に優れる。謙虚、温和な人であったが、季氏に仕えて悪を改めさせることができなかった。

冉伯牛　姓は冉、名は耕、字は伯牛。孔子より二十九歳年少。
　徳行に優れる。人格者であったにもかかわらず悪疾にかかり、孔子は運命の皮肉を嘆いた。

公西華　姓は公西、名は赤、字は子華。孔子より四十二歳年少。
　儀礼に精通し、孔子の葬儀にあたって葬儀委員長をつとめた。

子夏　姓は卜、名は商、字は子夏。孔子より四十四歳年少。
　文学に優れる。謹厳で実直な学問好きの人物。やや消極的な面があり、末節にこだわる欠点をもっていた。孔子の没後魏の文侯の師となり、六経を後世に伝えた。

子游　姓は言、名は偃、字は子游。孔子より四十五歳年少。
　文学に優れる。親を敬愛しながらもやや形式に傾く態度があった。武城の長官になったとき、孔子の教えを忠実に守り公明正大な政治実践をした。

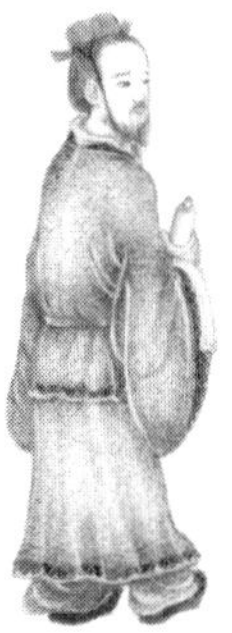

子張　姓は顓孫、名は師、字は子張。孔子より四十八歳年少。
　積極的ながら考えが偏り、極端な面があったらしい。孔子の死後、子夏・子游と共に経典の伝承に貢献したようである。

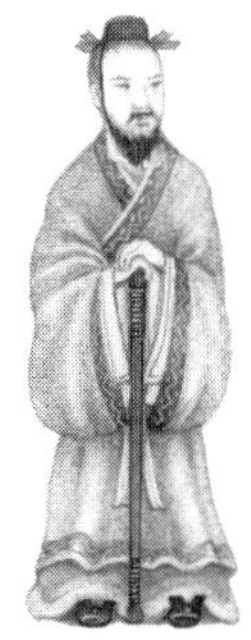

閔子騫　姓は閔、名は損、字は子騫。孔子より十五歳年少。
　徳行に優れる。無口で温厚。孝行のほまれ高い人。正義のためには妥協を許さない心情の持ち主であった。

仲弓　姓は冉、名は雍、字は仲弓。孔子より二十九歳年少。
　徳行に優れる。下層の出ながらも孔子は才能を認めていた。孔子から温順寛厚な人間関係を保てるようにと指摘される。

宰我　姓は宰、名は予、字は子我。孔子より二十九歳年少。
　言語に優れる。しばしば孔子の意見に対立する等、現実主義的な考えの持ち主であった。

顔淵　姓は顔、名は回、字は子淵。孔子より三十歳年少。
　徳行に優れる。門弟中最も将来を期待されたが孔子より先に死没。優れた才能をもち、実直な求道者・努力家として清貧に甘んじ学問精進に努めた。

子貢　姓は端木、名は賜、字は子貢。孔子より三十一歳年少。
　言語に優れる。理財の才能があり、遍歴の費用も子貢が出費したらしい。弁舌と才知を外交に活かし、孔子没後はその学説の普及に大きく貢献した。

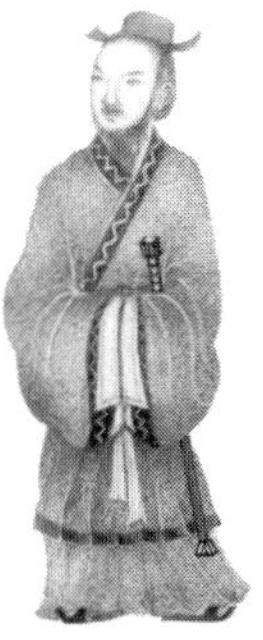

曾参　姓は曾、名は参、字は子輿。孔子より四十六歳年少。
　孔子に「魯」（遅鈍）と評されたほどの深い自省と慎重さをもつ。孔子の忠恕の思想を後世に伝承させた功労者である。

付録四　文献解題ならびに『論語』・孔子の参考文献・研究書・注釈書

【原論語の成立】

『論語』の編纂の時期や編集者については諸説があり、今日に至るまで定説はない。しかしながら孔子の言行を記録したと言われる「原論語」について、孔子没後の直弟子たちが孔子を埋葬した冢《ちょう》の側に庵をつくり、三年の喪に服したことに注目してみる必要があるように思われる。漢書芸文志や鄭玄の説、論語義疏叙などは『論語』について「孔子の没後七十弟子の門徒、共に撰録するところなり」という点で一致している。『史記』孔子世家には、「孔子が泗水のほとりに葬られ、弟子はみな喪に服すること三年。三年の心喪が終わり、別れるとき哭泣しあい、哀惜の情をつくし、ある者は去り、ある者は留まった。子貢だけは冢《ちょう》のほとりに庵を構え六年間、師の没後の孝養をつくした」とある。また、『史記』仲尼弟子列伝には、「孔子の死によって悲嘆にくれた弟子の一部の者たちは、有若が孔子の容貌に似ていたので、有若を師として師事しようと提案した。弟子の一人が、孔子の生前の言葉をもち出し、有若が答えられず、有若に質問した弟子は師の身代わりとなる資格はないと、強く反対して、有若が師の身代わりとなることをやめたと記されている。

孔子の生前の言動が話しあわれていた逸話であり、弟子たちが三年の喪に服している間に、孔子の言動を含めた話し合いをしていたのは確かなことである。唐の柳宗元は曾子の弟子の楽正子春か孔子の孫の子思の徒の撰録であろうとする。曾子は若い頃に、「参や魯（やることがすべて遅い）なり」と孔子に評されている。けれど、人一倍の努力家であり、孔子の晩年には、孔子の孫の子思の師となり、弟子たちの中のリーダー的存在として活躍している。曾子の勤勉さは「三省」（学而篇四、P.16）の内容からも想像することができ、また、宋の朱子が孔子の道統として「孔子―曾子―子思―孟子……朱子」ととらえていることからしても、孔子の思想の後世への伝承者の位置づけとして、かなり重要な役割を果たしていると言えよう。

【伝本と注釈書】

論語の伝本には、魯論・斉論・古論の三種類のものがあったという。前漢末の張禹《ちょうう》が、魯論、斉論を比較・校訂して張侯論を作った。後漢時代には張侯論が盛行し、包咸《ほうかん》などがこの論に注釈をつけて学官についている。後漢末の鄭玄《じょうげん》が張侯・包咸の篇章に基づき、斉論と古論（孔家の壁中から出てきた）を参考にして定本を作り、注釈をつけた鄭注《ていちゅう》論語が盛行した。その鄭注論語が流布すると魯論・斉論・古論の原本が亡失してしまった。

その後、魏の何晏《かあん》が『論語集解《しっかい》』を作成し、帝に献上した。鄭注論語は他書に引用されたり、あるいは敦煌文書に残るだけで亡失し、『論語集解』が今日伝わる最古の注釈書となっている。

『論語集解《ろんごしっかい》』 魏の何晏《かあん》が正始九年（二四八）に編集したものである。朱子の新注に対して古注とよばれる権威ある注釈で、後漢の鄭玄注より五十年後に編集された。老荘思想が盛んとなる時代で、その注釈には老荘的解釈も見られるが、従来の注釈を総合した解釈をのこそうとする意図があり、漢代では孔安国・包咸《ほうかん》・周某・馬融《ばゆう》・鄭玄《じょうげん》、魏では陳群・王粛《おうしゅく》・周《しゅう》生烈《せいれつ》の八家の説を集め、足らないところは何晏自身の解釈を施している。そのために『論語集解』が他の論語の注釈書をしりぞけ、格別に重視されるようになったのである。中国では唐代まで、『集解』に基づき論語が読まれた。わが国では奈良時代に輸入され、鎌倉末まで、論語を読むものは集解注に基づいていた。

『論語義疏《ろんごぎそ》』 梁の皇侃《おうがん》が武帝大同十一年（五四五）に編集したものである。何晏の『集解』に基づき諸家の説を集め、伝承されず亡失した注釈を引用している点が評価されている。『義疏』とは大衆の前で講論するという仏教の風習を取り入れたもので、仏教的な影響が強い注釈である。中国では南宋の中頃には姿を消していたが、江戸時代に荻生徂徠の門下の根本遜志が足利学校で『論語義疏』を見つけ、校刊・出版した。寛延三年（一七五〇）に中国に渡り、清朝考証学者を驚かせた。貴重な注釈書として『論語』研究家の必須の参考文献となった。

『論語正義』 宋の刑昺《けいへい》が北宋の太宗《たいそう》の勅を受け、咸平二年（九九九）に作成したもので、注疏とも刑疏とも言われる。皇侃の義疏から約四百五十年、何晏の『集解』に基づいて詳しい再注釈をおこなったものである。古注の祖述に主眼をおき、注釈としては新しい学説の展開は見られない。唐の『五経正義』とあわせて、『十三経注疏』の一つとなり、科挙の試験の教科書として公認テキストに用いられ、尊重された。

『論語集注《ろんごしっちゅう》』 南宋の朱熹《しゅき》（一一三〇〜一二〇〇）が著わした『論語集注』は、何晏の『論語集解』から約千年後にまとめられたものである。何晏の古注に対して新注とよばれる。『集解』以来の古説を守った宋初の堅実な学風に対して、十一世紀半ばになると新興の士大夫層が台頭し、新しい学風を求める風潮が起ってきた。朱熹は四十八歳で初稿の『集注』を作ったが、晩年に至るまで改訂の筆を加え続けた。宋代には仏教や老荘思想の哲学的な体系や教義や思想の概念を系統づけることがなされ、儒教にも哲学的な新しい解釈が求められてきた。北宋の程明道《ていめいどう》・程伊川《ていいせん》によって展開された形而上学的な学風を朱熹は継承・発展させ、独自の解釈を完成させた。その特殊性から理学・性理学また、程朱学と呼称され、儒家の経典に哲学的な解釈を導入することになった。

朱熹は論語・孟子・大学・中庸を四書と称し、従来の五経（易・書・詩経・礼記・春秋）より重視した。

元・明・清代を通じて中国に流行し、わが国にも早くに輸入され、徳川時代には朱子学を尊重したので、民間にも広く読まれ、東洋思想界に大きな影響を与えた。

『論語正義』　清末の劉宝楠《りゅうほうなん》（一七九一～一八五五）の『論語正義』は劉家三代にわたる家学の継承に基づき、考証学の成果を集大成した注釈である。皇侃の『義疏』・刑昺の『正義』にかわる新『正義』の完成をめざしたが、業半ばで病没し、子の恭冕《きょうべん》が十年後、父宝楠の遺志を継ぎ完成させた。古注の遺漏を補い、新注の誤りを正し、何晏の『集解』に対する『正義』とする意図をもって著述されている。当時の注釈はもとより、随筆・札記《さっき》（読書ノート）の類までも広く利用され、さらに徂徠の『論語徴』も多く引用された、清朝考証学の精髄と高く評価されている。

【日本への伝来】

わが国における論語の伝来は応神天皇の時代に百済の博士王仁《わに》が献上したのが初めだとされている。論語は宮中や博士家や僧侶の間で読まれただけで、一般には読まれていなかった。鎌倉時代に朱熹の『論語集注』が伝えられ、これ以降新注が広まっていき、江戸時代には宋学を正統として、新注で読む者が一般庶民の間にも広がっていった。幕府の大学頭《だいがくのかみ》としての林家の程朱学《ていしゅがく》に対して、古学派の伊藤仁斎、考証学の立場にたつ荻生徂徠らが出、江戸時代末期には安井息軒が『論語集説』を著わした。

【日本における注釈書】

ここで、仁斎・徂徠・息軒の注釈について紹介する。

『論語古義《ろんごこぎ》』　伊藤仁斎（一六二七～一七〇五）の著書。仁斎は孔子を尊重し、とくに『論語』は「最上至極、宇宙第一の書」だと高く評価した。仁斎の卓見は『論語』を上・下十篇ずつに分け、上論は内容的に優れた正集だとし、下論は上論を補った続集だとする説を提示したことであり、『論語』の編集について分析・考察する視点として画期的な見解だと現代においても評価されている。仁斎は朱子の性理説に基づく哲学的解釈によって真意がゆがめられた『論語』を原義に立ち返って解釈すべきだとし、朱子の誤りを批判した。中国では考証学が未発達な時期にあたり、朱子の注釈の欠点が指摘されない時期に朱子批判をした洞察力に、この注釈の価値を見い出す研究者は多い。

『論語徴《ろんごちょう》』　荻生徂徠《おぎゅうそらい》（一六六六～一七二八）の著書。その先祖が物部氏であったことから、中国風に「物茂卿」と称した。徂徠は仁斎が古学を主張し、宋儒批判したことを当初は弁護していた。しかし後に朱子も仁斎も「古学を知らず」と両者を古代の言語に無知であると批判した。徂徠は「古言に徴する」という古典研究法に基づき、言語重視の方法で『論語』の解釈に挑んだ。

中国では戴震《たいしん》や王引之《おういんし》による古典言語学的研究が始まる前でもあり、徂徠の言語学的な直観も的確で、劉宝楠の『論語正義』に引用されるほどの影響を中国に与えた。

『論語集説』 安井息軒（一七九九〜一八七六）の著書。息軒は古学に精通したと声望の高い江戸時代最後の昌平黌《しょうへいこう》の儒官であった。『集説』とは、諸説を網羅したとすることによる。諸説とは、何晏の『集解』を主とし、皇侃《おうがん》の『義疏』、刑昺《けいへい》の『正義』、朱熹の『集注』、仁斎の『古義』。徂徠の『徴』の説をまじえ取り、最後に「案」として清朝の考証家の説を引き自説を述べている。

【近代以降の文献】

わが国における『論語』及び孔子に関する文献・研究書は膨大な量にのぼる。瀬尾邦雄氏の「孔子『論語』に関する文献目録（単行本篇）」（明治書院）は明治元年（一八六八）から平成十二年（二〇〇〇）までの孔子・論語に関する単行本を収録する、貴重な文献目録で、この著書を参考としつつ、代表的な文献を取りあげてみることにする。

『孔子研究』蟹江義丸、一九〇四、金港堂書籍／『孔子研究』（アジア叢書）一九九八、大空社

『論語年譜』林泰輔、一九一六、大倉書店／『修訂論語年譜』一九七六、国書刊行会

『論語総説』藤塚鄰、一九四九、弘文堂／再刊、一九八八、国書刊行会

『論語と孔子の思想』津田左右吉、一九四六、岩波書店／『津田左右吉全集 第十四巻』一九六四、岩波書店

『論語之研究』武内義雄、一九三九、岩波書店／『武内義雄全集 第一巻』収録、一九七八、岩波書店

『孔子と論語』木村英一、一九七一、創文社

『論語の新研究』宮崎市定、一九七四、岩波書店

『論語解釈の疑問と解明』合山究、一九八〇、明徳出版社

『論語の思想史』松川健二編、一九九四、汲古書院

『論語』橋本秀美著、二〇〇八、岩波書店

『「論語」考索』澤田多喜男、二〇〇九、知泉書院

『思想史家が読む論語』子安宣邦、二〇一〇、岩波書店

【現代の注釈・解説・参考書】

『論語』の注釈及び解釈書として、十巻二十篇のすべての章について注釈・解釈がなされ、その上、今日でも比較的入手しやすい著書を掲載しておくこととする。

『現代訳論語』下村湖人、一九五四、池田書店／二〇〇八、PHP文庫

『論語』吉田賢抗、一九六一、明治書院（新釈漢文大系）

『論語』金谷治、一九六三、岩波文庫／一九九九、改訂版出版

『掌中論語の講義』諸橋轍次、一九六三、大修館書店／一九七三『論語の講義』（改訂）、一九七六『諸橋著作集第五巻』に収録

『論語』吉川幸次郎、一九六五、朝日新聞社（朝日中国古典選）／『中国古典選』一九七八、朝日新聞社／『吉川幸次郎全集 決定版 第四巻』、一九八四、筑摩書房／『世界古典文学全集 第四巻』、一九八一、筑摩書房
『論語』貝塚茂樹訳注、一九七三、中公文庫
『論語』木村英一訳注、一九七五、講談社学術文庫
『論語講義』渋沢栄一、一九七七、講談社学術文庫
『訓点論語』斯文会、一九七七、斯文会
『論語新釈』宇野哲人、一九八〇、講談社学術文庫
『全釈漢文大系 第一巻』平岡武夫、一九八〇、集英社
『論語』桑原武夫、一九八五、ちくま文庫／『論語（中国詩文選四）』（一九七四、筑摩書房）に所収
『論語細讀』深津胤房、一九九〇、自費出版
『現代語訳 論語』宮崎市定、二〇〇〇、岩波現代文庫（一九七四『論語の新研究』の第三部「訳解篇」の文庫化したもの）
『論語』加地伸行、二〇〇四、講談社学術文庫

孔子及び『論語』の教養・解説文献

『孔子』和辻哲郎、一九三八、大教育家文庫、岩波書店（その後角川文庫・岩波文庫等で再刊）
『孔子伝』白川静、一九七二、中公叢書（再刊、一九九一、中公文庫）
『弟子』中島敦。『中島敦全集 第一巻』一九四八、『李陵・弟子・名人伝』一九五二、角川文庫などに所収。他に旺文社・新潮文庫などがある。
『文学としての論語』一九七九、鈴木修次、東京書籍
『論語物語』下村湖人、一九八一、講談社学術文庫
『孔子の末裔』孔徳懋口述・柯蘭筆記・和田武司訳、一九八六、筑摩書房
『孔子』井上靖、一九八九、新潮社
『論語に学ぶ』二〇〇二、安岡正篤、ＰＨＰ文庫
『論語語論』二〇〇五、一海知義、藤原書店
『いま『論語』に学ぶ』二〇〇七、山下龍二、研文社
『論語と算盤』渋沢栄一、二〇〇八、角川文庫
『論語の読み方』二〇〇八、山本七平、祥伝社
『「論語」再説』二〇〇九、加地伸行、中公文庫
『論語知らずの論語読み』二〇一〇、阿川弘之、講談社文芸文庫

教育・児童・生徒用『論語』

『研究資料漢文学 第一巻』一九九二、謡口明他、明治書院
『論語を読む』CD一九九四、謡口明監修、新潮社
『論語と孔子の事典』一九九七、江連隆、大修館書店
『論語』加地伸行、二〇〇四、角川ソフィア文庫
『高校生が感動した「論語」』二〇〇六、佐久協、祥伝社新書
『はじめてであう論語』二〇〇八、汐文社、全国漢文教育学会編著
『こども論語塾』二〇〇八、安岡定子、明治書院

あとがき

論語ブームで類書の出版が続いている。本書では次のような特色を重視して執筆することとした。

第一に、孔子と弟子との関わりや人間的なふれあいを解説で取りあげ、それぞれの人物像が感得できるよう工夫してみた。それは高橋和巳氏の「美的感動の伴わないいかなる道徳訓も無力である。ヴィヴィッドな人間のイメージを喚起しないいかなる処世訓も無意味である。」の困難な課題に対して挑戦してみた。小説家井上靖氏が、『孔子』を出版したあと、私を含む数名の人に次のような告白をされた。「学者や研究者は仮設や想像では、発表したり、著書を出版することはできない。小説家であれば虚構や仮設を取りあげ書くことができる。小説家として、孔子を書きあらわしてみた。」この井上氏の述懐や執筆態度は、下村湖人氏の『論語物語』の中にも、随所に見い出すことができる。下村氏は論語の各章句を組みあわせ、孔子と弟子たちの人間的ふれあいを虚構をまじえながら表現している。長い歳月『論語』と向きあい、孔子やその弟子たちを含めて論語に登場する人物について、それぞれの人物の息づかいが感得された一端を本書で取りあげてみた。読者の皆様の批正を受けながら、さらなる考察を深めたいと思っている。

本書（時代を超えて楽しむ『論語』）で下村湖人氏の『論語物語』、高橋和巳氏の『私の古典』を紙数をさいて紹介したのは、両氏の試みや痛切な体験を紹介することにより、『論語』に親しみ楽しむことを理解してもらいたかったからである。

第二に、昭和三年に、服部宇之吉を委員長として刊行された『斯文会訓点論語』及び『国訳論語』は新注『論語集注』に基づき、解釈して読み方を示している。わが国の従来の『論語』の解釈や注釈は、古注（『論語集解』など）か新注（『論語集注』）かのいずれかに偏重する傾向があった。近年、従来の『論語』解釈や注釈に対して、古注や新注などの従来の解釈や注釈などを基本にしながら、わが国の近世（江戸時代）の伊藤仁斎・荻生徂徠の朱子学批判や清朝考証学者の研究成果を取りあげながら、現代的な意義を考察に入れて解釈・注釈がなされてきている。木村英一氏は二十篇の成立・編集者に対する考察に優れ、吉川幸次郎氏は仁斎・徂徠の近世の儒者・清朝考証学者の説を丹念に提示している。貝塚茂樹氏は、孔子の活躍した時代など歴史的背景について新説を提示され、桑原武夫氏は西洋哲学との比較に優れている。四氏の『論語』は解釈のみならず、注や従来の説に対する斬新な視点や見解が示され、多々引用させてもらった。

さらに右の四書の他に次に掲げる『論語』は、本書執筆にあたり、現代語訳や注釈・解説などで多く取りあげさせてもらった。ここに記して感謝の意を表します。


『論語』吉川幸次郎　朝日新聞社（朝日中国古典選）、一九六五。『中国古典選』一九七八。『吉川幸次郎全集』一九八四。

『掌中論語の講義』諸橋轍次　大修館書店、一九六三。一九七三（改訂）『著作集』一九七六。

『論語』金谷　治　岩波文庫、一九六三。一九九九（改訂）。

『論語』吉田賢抗　明治書院（新釈漢文大系）、一九六一。

『論語新釈』宇野哲人　講談社学術文庫、一九八〇。

『論語講義』渋沢栄一　講談社学術文庫、一九七七。

『論語』木村英一訳注　講談社学術文庫、一九七五。

『論語』貝塚茂樹訳注　中公文庫、一九七三。

『論語』桑原武夫　ちくま文庫、一九八五。

『現代語訳　論注』宮崎市定　岩波現代文庫、二〇〇〇。

『論語』加地伸行　講談社学術文庫、二〇〇四。


「孔子の素顔をよりよく伝えると思われる上論のみを扱うことにした」という桑原武夫氏の強い影響もあり、郷党篇は特殊な内容や章句が多く、子罕篇まで取りあげた。

孔子は「仁」ということばに従来にはない「愛」の概念をこめて、それを社会へと広げ、人々が安心して過ごせる理想社会の実現を夢みて情熱をそそぐ人生を生きた。孔子没後二千五百年の歳月を経たいま、人類は差別や偏見を乗り越え、「人間愛」をすべての人と共有する世界へと向かっている。「仁」の思想の先見性に敬服すると同時に、一般庶民の意識変革に長い歳月が必要なように、人類の「こころ」にはまだまだ未解決の課題があると言えるだろう。

孔子は幼い頃に父と死に別れ、父の愛を知らずに育っている。母は父との正式な婚礼をせず孔子を生み、父との年齢差もあるために、孔子に父の墓所も知らせず、貧しさに耐えながら孔子を育てた。その母も孔子が二十代の半ばで死んだとされる。孔子は母の殯《もがり》（遺体を棺に入れ、埋葬するまで安置し、丁重に待遇する礼）を五父《ごほ》の衢《ちまた》という魯の城内の重要な広場で行なった。一般には家で行う殯の礼を広場で行ったのは、父とその墓所を知っている人にめぐりあい、母を父の墓所に合葬してあげたいという願いがあったからである。孔子の母への愛は深く、父の墓所を確かめ、母を一緒に葬ることが母の愛への恩返しだと常軌を逸した行動をとったのである。孔子の「仁」の原点には、この母への愛が深く投影していたと見ることができるのである。

歴史的に中国の大地はいつの時代にも人口が過多で、生きていくためには過酷な現実が待ちうけている。厳しい環境や境遇を乗りこえるために、「利」に対して機敏に対応できる人々を輩出する風土的な特色が、現代に至るまで連綿と続いているのである。そのような大地から、人類の永遠の課題である「仁」の思想が孔子によって提唱されたことは、どれほど多くの人々に精神の安ぎをもたらし、救いとなったことであろう。『論語』を〝時代を超えて楽しむ〟ことのできる理由が、そのあたりに見い出せるように思われる。

最後に本書出版の労をとって頂いた朝倉書店編集部に深甚なる謝意を表します。

二〇一二年一〇月

謡口　明

著者略歴

謡《うた》口《ぐち》　明《はじめ》

1943年　鳥取県に生まれる
1968年　東京教育大学文学部 大学院 中国古典学科 修士課程修了
現　在　文教大学文学部教授
　　　　公益財団法人斯文会 常務理事
　　　　全国漢文教育学会 常任理事
　　　　漢字文化振興協会 理事
　　　　高等学校学習指導要領解説国語編作成協力者
主　著　『諸子百家を語る』(NHK出版, 2000年)
　　　　『論語を読む』新潮CD (新潮社, 2003年)
　　　　『荀子のことば』(明徳出版社, 2007年)
　　　　『楽しく使える故事熟語』(文藝春秋, 2009年)

漢文ライブラリー
時代を超えて楽しむ『論語』　　定価はカバーに表示

2012年11月15日　初版第1刷

著　者　謡　口　　明
発行者　朝　倉　邦　造
発行所　株式会社　朝　倉　書　店
東京都新宿区新小川町6-29
郵便番号　162-8707
電　話　03(3260)0141
FAX　03(3260)0180
http://www.asakura.co.jp

〈検印省略〉

教文堂・渡辺製本

ISBN 978-4-254-51537-4　C 3381　　Printed in Japan